焼きそばの果てしなき旅

クレイジーケンバンド・リードギタリスト
小野瀬雅生

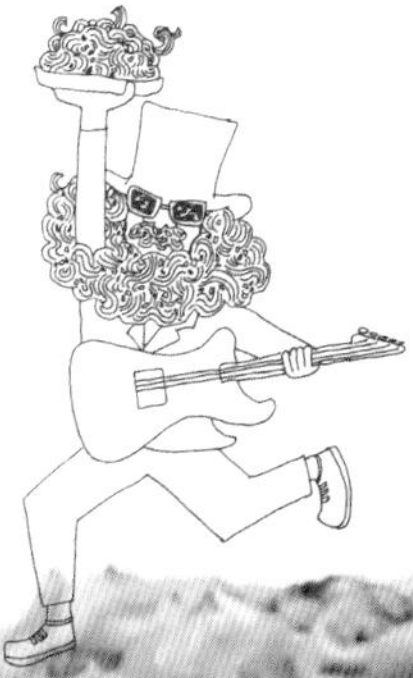

ワニ・プラス

まえがき

小野瀬雅生で御座います。

この度、素晴らしき御縁を授かりまして、ワタシの焼きそばの果てしなき旅が本になりました。前々から焼きそばの世界には興味がありましたが、ちょうど1年ほど前からその深みにどっぷりとハマりまして、ハマるとどこまでもずぶずぶと沈降するタイプの人間ですので、生活の中心が焼きそばになってのどっぷりずぶずぶの集大成がこの本で御座います。

飲食店のメニューに焼きそばの文字をサーチしてヒットすればオーダー。

スーパーマーケットに行けばチルド焼きそばの品揃えをまずチェック。

遂には憧れの静岡県富士宮市で食べ歩きも敢行。

そんなこんなで現在も焼きそばの旅の途中です。


ワタシの焼きそばの原風景はやはり「マルちゃん焼そば3人前」。

今を遡ること三十数年前、男兄弟3人の小野瀬家（ワタシは長男）ではこの3人前焼きそばが、作った直後に完全に消滅すると云う超常現象が頻発しておりま

した。更にはその時に家にいたのが兄弟の誰か1人だけだったと云う恐怖体験。その当時の我が家のシェフはお父ちゃん。作っても作っても自分の分は残らないと云う試練に堪え、果敢なチャレンジを続けてくれました。

なので「マルちゃん焼そば」の味は、母ではなくお父ちゃんの味なのです。

お父ちゃんは2020年2月に90歳で生涯を終えました。

「マルちゃん焼そば」を作って食べる度にお父ちゃんのことを思い出します。

丈夫に育ててくれてありがとう。まだまだがんばるよ。


ワタシが焼きそばにハマるきっかけになったものが幾つかあります。

その一つが都内の北海道アンテナショップで入手した「角屋のやきそば」。北海道美唄《びばい》市の焼きそばで、焼きそばとスライス紅生姜がセットになっています。

ワタシは一口食べただけでこの「角屋のやきそば」の素朴な味わいと、ソースの香り（特にニッキ）にハートを射貫かれました。

なんてウマイのだろう。ワタシの焼きそば熱に火が入った瞬間でした。

そしてパッケージには〈フライパンでいためてお召し上がりください〉とあるけれどそのまま食べることもあるそうなのでそれも試してみたのですが。

炒めた方がスキです。

食べ歩きでは、本文にも出て参ります茨城県筑西市の『中山屋』の焼きそばに出逢えたこともハマるきっかけの一つ。

焼きそばの神様にお導きを戴いたように思えました。

そして避けては通れないカップ麺焼きそばの広大な世界観に圧倒されたり、焼きそばパンのしたたかさに舌を巻いたりも致しました。


焼きそばの表記は「焼きそば」なのか「焼そば」なのか、まちまちです。

漢字・平仮名・カタカナ入り交じった「焼きソバ」まである。

でも統一なんて望みません。皆がそれぞれ使いやすい表記でそれぞれの焼きそばを表記すればよろしいかと思います。

これこそが最近頻用されるDiversityってヤツなんじゃないでしょうか。

でもこれ英語で表現する必要あるのかしらん。

多様性でイイじゃないですか多様性で。なぜわざわざ英語で云う。


きっと訊かれると思うので、書いておこうと思います。

「どの焼きそばが一番美味しいですか?」

2021年8月現在の自分の見解を書いておきます。

「自分で作る自分のための富士宮やきそばが一番ウマイ」

これが本当にウマイ。自画自賛、我田引水、手前味噌。

自分を満足させるためだけに作るからそりゃそうなるのは当たり前です。

ただこれは誰にも食べさせていないので他の人の評価はありません。

いつか大きな鉄板を使って焼きそばを作って、それを人に食べてもらうのが夢です。その日のために、ずっと作る練習を怠りなく続けていこうと思います。


アメブロを10年以上1日も欠かさず更新してきました。

そちらでは一人称を「ワタシ」としています。

昨年から始めたｎｏｔｅでは「僕」にしています。

どちらかに統一しようかと思いましたが、多様性でも良いかと思い、この本にはワタシもいれば僕もいます。

「俺」も登場させようかと考えましたが混乱しそうなのでやめます。


ちょっと過熱気味の焼きそば愛が貴方に伝わったらシアワセデス。

焼きそばの果てしなき旅、ご一緒にお楽しみください。

contents

contents

contents

※本書は小野瀬雅生（CRAZY KEN BAND）オフィシャルブログ by Ameba
「世界の涯で天丼を食らうの逆襲」、およびnote「焼きそばの果てしなき旅」の
焼きそば関連記事に、書き下ろし原稿を大幅に加えて再構成し、書籍化したものです。

※掲載した店のデータは2021年7月時点のものです。
新型コロナウイルス感染拡大の影響により、
営業時間・定休日等が記載と異なる場合があることを何卒ご了承ください。

焼きそばの果てしなき旅

首都圏の店

01 五反田の『やなわらバー』でソース味焼きそば

焼きそばの果てしなき旅を続けております。

いきなり結論めいたことを申し上げますが、きっとどれだけ素朴でシンプルな味わいに迫れるかだと思うのですけどね。

旅をする中で自分なりの小さな発見を少しずつ重ねられれば良いなと思っております。

さて頻繁に伺っている五反田の『**やなわらバー**』にて、これだけ通っているのにまだ食べていなかったのかと云うメニューに先日気が付きビックリ。そうだったかそうだったか。

カモンレッツゴー。

ソース味焼きそば！

沖縄そばの麺の焼きそばです。

こちらにお邪魔するようになってすぐケチャップ味のナポリタン焼き

そばを特注して、それがレギュラーメニューに昇格したのを喜んでいたケチャップ味推進派でありましたが（下の写真がケチャップ味のナポリタン焼きそばで御座います。写真上の辛いのをプラスするとシアワセ度がアップ。かけすぎると辛いを超して痛いので注意よ）。

元々あったソース味をちゃんと戴いておりませんでしたと云う反省モード。

この焼きそばの旅の一環としてそこはちゃんとしておきませんとお天道様に申し開きが出来ません。

伺うのは大体夜ですからお天道様ではなく月に代わってお仕置きよってな感じでしょうか、はっはっは。でもあまりよく知らないのにテキトーなことを書いていると本当にお仕置きされそうなので陳謝します。すみませんでした。

そんなわけでソース味です。

イタダキマス。

ウマウマウー！

こりゃあもうね。
王道ですよ王道。

麺のモチモチした食感とソース味が相俟《あいま》って至福のひとときです。
ソースの役割ってスゴイ。
地味なところから派手なところまで守備範囲はヒジョーに広い。
自分だけが目立つように思えて実は他の美味しさを引き出す裏方の役目も果たす。
この場合は麺自体のウマさ。
ソースの香りの中で麺の旨味がしっかり引き出されると云う見事な連係プレー。

少なめオーダーでしたがその妙味はたっぷりと楽しみました。
ソース味焼きそばブラボー。
またゆっくり堪能しに伺います。
美味しかったです！　御馳走様でした！

やなわらバー
東京都品川区西五反田2-10-8 ドルミ五反田ドゥメゾン117
12:00 ～ 14:00
18:00 ～翌 4:00
土日祝休

〈再訪問〉 五反田の『やなわらバー』でマトン焼肉焼きそば

折に触れてお邪魔しております五反田の『やなわらバー』。

もう1月も終わりそうだと云うのにようやく顔を出せました。

今年（2018年）もヨロシクお願いします。

最初はやはりワタシのワガママで作ってもらったナポリタン焼きそばを食べるのが筋かと思いましたが。

新メニュー発見（かなりの頻度で新メニューが出るのです）。

これはいかねばなりますまい。カモンレッツゴー。


マトン焼肉焼きそば！


自分の記事を探してみたらアップしてなかったのですが、こちらのメニューにマトン焼肉があるのです。

北海道出身のマスターがこよなく愛するマトン焼肉。

何度も戴いてその度にお酒も1杯2杯と推進してしまう甘辛のお味。

それが焼きそばと合体。

こりゃ 事件ですよ。
どうなってますの。
沖縄そばの麺は平たいのと普通のと混ぜてもらいました。
さあイタダキマス。

ウマウマウー！

たまりませんわんわんわんわんわん。
この甘辛の味がたっぷり絡んだ麺のジャンキーハッピーキンキーヒッピーなシアワセ。
これで飲めてしまうと云うクローザーの定義を放棄するような前代未聞のピッチング。
ヤバイやっちゃなこれ。
ハマるヤツじゃんこれ。
1月にして2018年ウマウマウー大賞筆頭候補出現。
そんなわけでまた近々追体験に伺います。
美味しかったです！　御馳走様でした！

02 横浜市南区八幡町の『磯村屋』でニクタマゴ焼きそば（閉店）

先日のCKB CLASSIX＠長者町FRIDAYの会場入り前。
久しぶりに横浜市南区八幡町の『**磯村屋**』へ参りまして。
おでんをイタダキマシタ記事はこちら。↓↓↓↓↓↓
そしてメインの焼きそばです。

ニクタマゴ焼きそば！

サイズは中！
これにポテトが加わると三色。
ポテトが入る焼きそばは珍しいですよね。
今回は二色。
ニクポテトもタマゴポテトもあります。

ウマウマウー！

何がどうそんなにウマイのかと云われても説明はしづらいのです。

ここで磯村屋のお母さんがささささっと作ってくれるからウマイとしか云いようがないのです。

フツーの味です。フツーよりももっと薄味かも。

テーブルにあるソースとかコショウとかで味を足すのもアリ。

この空間に自分を置いて。おでんと焼きそばを食べて。

夏はおでんないけれど。

かき氷がありますけれど。

とにかく食べて。

自分の気持ちのガタガタしたところをしっかり修繕して。

ウキウキした感じで店を出る。


夏に来ると子供の頃の夏の色に出逢えますし。

冬は何かの本で読んだような冬を感じられます。

その真ん中に焼きそばがあって。

焼きそばを中心に世界が回っているのだと。そんな事を考えました。

夕方までに来てください。ラストオーダーは17時です。

磯村屋
神奈川県横浜市南区
八幡町4
2019年4月30日閉店

〈再訪問〉横浜市南区八幡町の『磯村屋』で三色焼きそば（中）

先日久しぶりに横浜市南区八幡町の『磯村屋』に参りました。

もう10年以上伺っていますが、いつ行っても新鮮な感じがします。

生まれも育ちも横浜のワタシですが、ここにはドンピシャで「帰ってきたぞー」と云うホーム感はありません。

お隣感とかご近所感はあります。

山下公園とかマリンタワーに行く感じがとても近いかな。

同じ横浜の中だからこそ気持ちの中の棲み分けがしっかりあります。

と云うわけで半年ぶりにイタダキマス。

三色焼きそば（中）！

基本の焼きそば（野菜入り）がありまして。

サイズは大中小の3種類。

更に肉、玉子、ポテト（茹でジャガイモ）の3種類のトッピングがあります。

なんですが、トッピングナシとトッピング1種類セレクトは大か小だけ。

さあ、焼きそばメニューは幾つあるでしょうか。

順列組み合わせの問題にピッタリだと思うのですが。

トッピングナシで大小で2。

トッピング1種類セレクトの大小で6。

トッピング2種類セレクトの大中小で9。

トッピング全種類セレクト（三色）の大中小で3。

合計20種類の組み合わせがあります。

その中で2種類セレクトの大盛と3種類セレクトの中盛がワタクシが敬愛する350円。文章長くてごめんなさい。

三色レッツゴー。


ウマウマウー！

後ろに仰け反ったり、ため息をついたりするような豪華絢爛《けんらん》なウマさではなく。

フツーにささっと食べてフツーに御馳走様を云う味。

甘いとか辛いとかの特徴もありません。

ちょっとだけ薄味の、多分ずっとこの味だったであろう、そう云う焼きそばです。

ポテトの存在だけがヒジョーに特殊と云えば特殊ですが地味な特殊さです。

終戦直後のその昔は、この界隈《かいわい》まで海で働く男達がやってきて栄えていたそうです。

店もお母さんも焼きそばもその時代を知っている。

ノスタルジーは苦手なんですが、ここに座っていると否応《いやおう》なしに歴史の流れに身を置くことになります。

ここは横浜の残り少ないエアポケット。

昭和の昔の空の色、風の匂い、港の音。

そう云うのが少し感じられたような気がします。

創業69年の2019年4月末で閉店なさったのがヒジョーに残念で、心は千々に乱れますが、これもまた焼きそばの果てしなき旅の一つ。

美味しかったです！　御馳走様でした！

03 立川駅構内の『長田本庄軒』でぼっかけ焼きそば（並）

CKB@福生市民会館の当日、会場入り前。
JR中央線に乗って立川で青梅線に乗り換えます。
この前日の通しリハーサルの時も同じ乗り換えだったのですが。
駅構内にあります『**長田本庄軒　エキュート立川エキナカEAST店**』
と云うお店がパッと目に入りました。

どうやら焼きそばのお店のようです。
駅構内で焼きそばとは珍しい。
長田とは神戸の長田か。
のれんに神戸の文字がありましたから間違いない。
これは食べるべきか一瞬迷った後に会場に直行致しました。
そうして到着しましたら福生市民会館内併設のレストランが閉店して
いたと知り、愕然《がくぜん》。
もしかしてあの乗り換えの時に一瞬迷ったのはこれの予感だったのか。

ミートソースはないから焼きそば食ってけー的なお告げであったのか。自分にそうした超能力めいたモノがあるのではないかなどとまた余計な事を考えまして。

そして本番当日は敢えて青梅線直通の電車はスルーして立川駅で一旦下車。

焼きそば、食べました。

前置き長くてすみません。

ぼっかけ焼きそば（並）温泉玉子トッピング！

お店の前には数名の行列。

なかなか繁盛しておられる。

券売機で食券を買ってから（注1／現在は券売機ではなくレジでのお会計）焼きそば登場まで大体15分。

お急ぎの場合はちょっと注意。

ウマウマウー！

中太の麺がなかなかモチッとしていてグー。
焼きそばの上には、ぼっかけ。
ぼっかけとは牛スジとこんにゃくの煮物。
焼きそばのソース味ともしっかり合うんだなー。
温泉玉子もまろやか方面にナイスセレクト。
この感じ、ありそうでなかなかない。
量もぴったりで満足。

ブラボー！

店の前にある券売機の前でちょっと迷う。
ぼっかけとろ玉焼きそば、ってのがディスプレイにありまして。
(注2／ぼっかけとろ玉焼きそばはメニュー変更により現在販売休止)
それにしようとボタンを探してもナイ。
このようにぼっかけ焼きそばと温泉玉子トッピングを買わないといけないのね。
ここに限らず最近券売機とか自動販売機の前で迷うことが多いのです。

まさか自分が機械やらシステムやらに惑わされるとは。
ちょっとだけ怖い気もしました。

こちらのお店、朝7時からやっておられますが。
焼きそばは朝9時からで。
それまでは駅そば（日本そばね）を出しておられるそうなのですが。
それがちょっと麺が独特のようでして気になります。
あと、ぼっかけチャーハンってのも気になります。
この気になるが非常に多いお店、丸亀製麺と同じ会社が経営するお店だそうです。

にゃるほろ。

気になるのでまた伺います。
美味しかったです！　御馳走様でした！

長田本庄軒
エキュート立川
エキナカ EAST 店
東京都立川市柴崎町3-1-1 エキュート立川エキナカ EAST
月～土 7:00 ～ 22:00
日祝 7:00 ～ 21:00
駅そば 7:00 ～ 9:55
焼きそば 9:00 ～
無休

04 不動前の『味の店 錦』でかた焼麺

皆さん「妖怪ウォッチ」ご存じですよね。

ご存じなかったら申し訳ありません。

妖怪ウォッチに使えないメダルを装着すると「そうじゃないよー！」って云うじゃないですか。

世の中って「そうじゃないよー！」ってのに満ち溢れていると思いませんか。

全くの間違いではないところがミソで、概《おおむ》ね方向性は合っているんだけど最終的には違う。違いがビミョーだったりもする。


まあその「そうじゃないよー！」を選んだ自分の自己責任なんですが。

先日のお昼を東急目黒線不動前駅近くの『**味の店 錦 不動前店**』で戴きました。

結構あちこちにあるお店なんですね。存じ上げませんでした。

さあこちらで、色々な思惑を持ってこのメニューをオーダー致しました。


かた焼麺！

先月長崎で皿うどんを食べた時。

今まで自分の選択肢に皿うどんとかかた焼きそばとかはなかったと気付き。

食べてみてこれはなかなか今の自分にフィットするのではなどと思ったのです。

そこで早速実行の段となったわけですが。

おや。ちょっと違う。

思っていたのとちょっと違いましたですね。


まずは丼自体がかなり大きい。

と云う事はかなり量が多いと云う事になります。

軽く済ませるお昼にかた焼麺がイイかなーとか思っていたのですが、かなり本格的にこのボリューム感に対峙しなくてはならなくなりました。

あんかけの色も思っていた白っぽいのではなく醤油っぽい色合い。

そしてよく見ると唐辛子の赤がちらほらと見えるのです。


そうだったかー。

なるほどねー。

そして麺も太めで重量感アリ。
食べてみるとピリ辛でスタミナ方面。
ワタシの中の妖怪ウォッチが「そうじゃないよー！」と叫びました。
でもここは回路を切り替えてしっかり食べるぞモードにシフトしましたところ……。

ウマウマウー！

いつまでも熱々でハフハフです。
ピリ辛度合いは熱さの中でよく判別出来ません。
とろみも最後まで崩れない。タフなヤツですかた焼麺。
ブラボー。

ところで、お酢はかけません。
ワタシの母が、食べてもみないうちにまずどぼどぼと焼きそばにお酢

をかけていたのを思い出すからです。

そんなにかけるのかっ、と思うほどかけてました。

子供心に義憤に駆られておりました。

そんなにお酢をかけちゃダメ！　何でそんなにお酢をかけるの！

ですのでお酢をかけるのはヒジョーに抵抗があります。

ちなみにコーヒーに砂糖を入れるのも、そんなに入れるのかっ、と思うほど入れてました。


あまり関係ない話で失礼致しました。


定食とかもボリュームありそう。

色々と食べてみたくなりました。

また伺います。

美味しかったです！　御馳走様でした！

味の店 錦 不動前店
東京都品川区
西五反田 5-10-6
11:00 ～ 23:00
無休

05 五反田の『後楽そば』でやきそば（閉店）

以前有楽町のガード下にありました『**後楽そば**』が五反田で復活です。
ここは以前立ち食い寿司の『すし処都々井』があった場所です。
移転先まだ見つからないかなぁ。（注／2018年リバーライトビルに移転）
時は流れ色々な移り変わりがあります。
ちょっとおセンチ。
おセンチなんてもう云わないか。
よっこいしょういち。
カモンレッツゴー。

やきそば！

こちらの名物でしたやきそばも復活です。
以前の有楽町のお店で食べたのはもう十何年前か。
どんな味だったか覚えておりませんが、使い込んだ感のあるお皿（ちゃ

んと持ってきたんだねー）がナイス。

イタダキマス。


ウマウマウー！


なんとフツーな。

フツーとしか云いようのないソース焼きそばであります。

短くてモチモチした麺のこの感じはもしかしたら魔法があるかも。

一度魔法にかかったらゾッコンになっちゃうタイプね。

ソースはぼんやりとした甘さはなくキリッとした味わい。

紅ショウガもナイスサポート。

漢《オトコ》の焼きそば。

ブラボー。

やきそばを別売のスープ（蕎麦つゆ）と共に戴くと云う通のオプションを後から知りました。今度はそれ、いってみようかな。

でも他のお客さんが意外と皆、天ぷらそば食べてたのも気になる。

美味しかったです！　御馳走様でした！

後楽そば 五反田店
東京都品川区
東五反田 1-26-6
2020年12月14日
閉店

〈再訪問〉五反田の『後楽そば』でやきそば（並）と温玉にて別れを惜しむ

ふとまた五反田の『**後楽そば**』に伺いました。

2020年12月14日にて閉店されますがやり残していたことがありまして。カモンレッツゴー。

やきそば（並）と温玉！

そうです温玉を載せないと。

つい10年ほど前まで茹で玉子や温泉玉子などは最も苦手とするアイテムでしたが。

今はこうして好んで載せるようになるとは思いもよりませんで。

それがこの10年でワタシの中で最上級に変わったことの一つであります。

2020年の年の瀬にやきそばに温玉を載せて食らう。

ブログタイトル、これに変更するか。しませんけどね。

イタダキマス。

ウマウマウー！

温玉がやきそばを少しスムースに優しくしてくれる。

長年皆さんが愛し続けてきた優しさ。

ワタシも最後の最後に触れることが出来ました。

王道ど真ん中の中太麺ソース焼きそば。

具はキャベツと挽肉、紅ショウガと青海苔。

いつまでもこの心の中に。

そして願わくばまた逢える日まで。

『後楽そば』のやきそばブラボー。


そして最後の最後に蕎麦つゆのスープに麺を浸して食べると云うのも味わえました。ウマウマウー！

サンキューエブリバディー。

本当にありがとうございました。

美味しかったです！　御馳走様でした！

06 有楽町の『チャオタイ 銀座店』でパッタイのランチセット

先日のお昼は有楽町におりまして。有楽町と云うとお昼はあれかこれかに決まりそうでありましたが、気分を変えて初訪問のお店へ。銀座インズ2地下のタイ料理店『**チャオタイ 銀座店**』に参りました。狙いは焼きそば。カモンレッツゴー。

パッタイのランチセット!

パッタイは米粉の麺の焼きそばです。セットでグリーンサラダ、タイサラダ、スープ、デザートが付きます。スープをプラス150円（税込）でトムヤムクンにグレードアップ。パッタイ！　久しぶりに食べるのですが、どれくらい久しぶりなのか判らないくらいお久しぶりですパッタイ。イタダキマス。

ウマウマウー!

メニューにトマトソース味とありましたがケチャップかなーと思うくらいの甘さ。この甘さがエキゾチックでたまらんのです。

穏やかな味わいにクラッシュピーナツや生のモヤシの食感などが加わってとても楽しい。

干し海老の風味もたまりません。

こりゃイイモノ食べた。心ウキウキ。

パッタイブラボー。


トムヤムクンスキスキスー。


タイ料理は意外と早く（1980年代）から馴染みがあって、食べるとホッとする気もします。

ブラボーブラボー。

焼きそばは他にも種類があるので次回はそちらを。

焼きそばの旅は果てしないのです。

美味しかったです！　御馳走様でした！

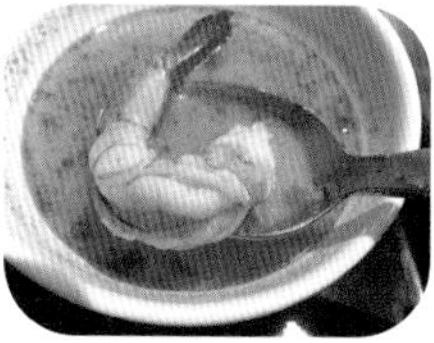

チャオタイ 銀座店
東京都中央区銀座2-2 銀座インズ2 B1F
11:30～15:00
17:00～23:00
無休

愛知県碧南市『大磯屋製麺所』の熟成焼そば

日本全国には様々な焼きそばがある。お店で食べる焼きそばだけでなく自宅で作るタイプの焼きそばも数多くある。

その中から自分のアンテナでキャッチして取り寄せたり、知人から送ってもらったりお土産でもらったりした焼きそばをご紹介したい。

それでは行ってみよう。


まずは知人から送ってもらった、愛知県碧南《へきなん》市『**大磯屋製麺所**』の熟成焼そば。テレビなどでも紹介されていたそうだが、僕はこの焼きそばを巡る旅をしていなかったら知ることもなかったであろう。

多くの焼きそばとの出逢いに感謝。

ソースは液体ソース。作ってみよう。


シンプルに具材はキャベツと豚肉だけにした。

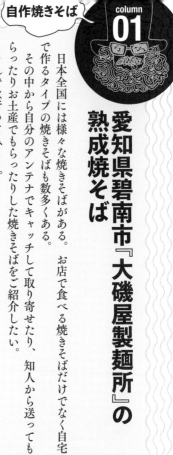

とっても艶のある仕上がり。

こだわりの麺は口当たりも噛み応えもとても良い。ソースとのマッチングもバッチリ。


ウマウマウー。


ちょっと色味を鮮やかにしたいと考えてもう一度作った。

僕が大好きな必殺ナルト。この写真を見ているだけでもウキウキとしませんか。どうですか。

ちょっとこうやって載せるだけでも色味が鮮やかになって心が豊かになる。

僕の場合はナルトだけれど、みんなそれぞれ自分の機嫌が良くなるトッピングを探すといいと思う。きっとシアワセが増えると思う。


大満足。麺をしっかり焼けば焼くほどにその良さが際立つような気がする。

冷蔵庫の焼きそばストック区域が空いたらまたこの熟成焼そばをお招きしよう。

07 伊勢佐木長者町の『龍鳳』で海鮮ヤキソバ

久しぶりに伊勢佐木長者町の『**龍鳳**』に伺いました。

現在のクレイジーケンバンドの原型であるCKB CLASSIXが長者町FRIDAYと云う老舗ライブハウスで演奏する日、本番前の腹拵えに必ずと云ってよいほど訪れていた中華料理店です。

ほぼ毎月、こちらでウマイモノを堪能しておりました。


現在のコロナ禍で長者町FRIDAYでのライブが見送られて1年半。

こちらのお店にもそれと同じだけ伺っていなかったことになります。

ご無沙汰しました。


海鮮ヤキソバ!

こちらには塩味系とオイスターソース系の2種類のヤキソバがあります。馴染みのある塩味系で、久しぶりと云うことで贅沢もしたいと考え、

ヤキソバ最上位の海鮮をセレクトした次第。

海鮮がたっぷりです。海老にイカ、帆立貝柱とサザエ（多分）、そして野菜も色々と入っています。贅沢です。

麺はカタではなくヤワです。イタダキマス。


ウマウマウー。


塩味と旨味の取りまとめがバツグン。

このお店ならではの品位品格を感じます。

何度も通って味わううちに、何か横浜っぽくないと感じていたこちらのお店。実は東京は神楽坂の老舗広東料理店『龍公亭』で修業された先代が横浜で開業されたお店なのです。だから横浜っぽさがないのは当たり前。

横浜っぽさとは何ぞやと問われましたら、ざっくり云えば甘い味付けなのです。『龍鳳』はどの料理も甘くなくて、スッキリしたスマートな味わいが楽しめます。

この海鮮ヤキソバも然り。久しぶりにこの感じ、堪能しました。

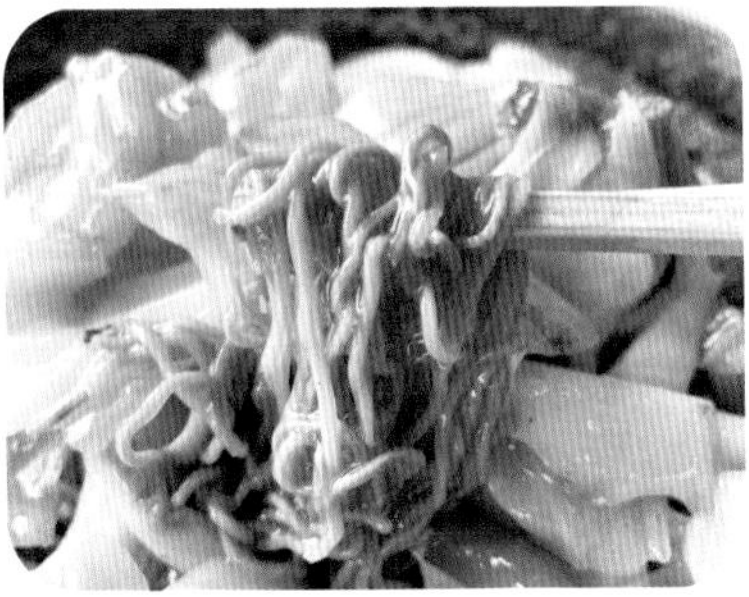

海鮮ヤキソバブラボー。

タケノコが好きでして。特に中華のあんかけに入っているタケノコの存在がたまらなく好きでして。

ぷりっぷりの海老も、ボリューム満点の帆立貝柱もウマイですが、『龍鳳』の味わいの中にあるタケノコはまた格別でして。

シアワセデス。ブラボーブラボー。

冬季限定のカキ炒飯や、春のフキノトウと鶏肉の包み揚げ、4月からはタケノコ料理（竹林直送）、そして季節ごとの薬膳スープなど絶品料理多し。

麻婆豆腐や春巻などのスタンダードメニューも抜かりナシ。

またゆっくり伺います。

美味しかったです！　御馳走様でした！

龍鳳（りゅうほう）
神奈川県横浜市中区長者町7-112
伊勢佐木センタービル2F
11:00～14:30
17:00～22:00
水休（他の曜日に休業の場合アリ）

08 溝の口の『南甫園』でソース焼ソバ

先日の夜は溝の口におりました。
以前カツ丼の旅で訪れましたが、
今回は焼きそばの果てしなき旅です。
旅はクロスするのです。
その十字路で何が起きるのか。　カモンレッツゴー。

ソース焼ソバ！

具がキャベツでなく白菜だったのです。
ニャンと珍しい。
お値段500円（税抜）。
他のメニューもリーズナボーですがこれはひときわリーズナボー。
イタダキマス。

ウマウマウー！


薄味でしっかりソースを炒め付けてあるタイプ。

シンプルなのがとても嬉しい。

この優しさに惚れる。

白菜もナイスマッチ。

肉はどうだったかちょっと記憶にありませんがあったような多分あったと思いますがそこはどうでもいいです、はい。リピート決定。


ソース焼ソバブラボー。


近所のお店が酔客でワイワイ賑わっている中で。

こちらは一人飯の静かな男性率高し。

ガッチリ食べる人。

サッと食べ抜ける人。

皆に優しいお店。

またゆっくり伺います。美味しかったです！　御馳走様でした！

南甫園
（なんぽうえん）
神奈川県川崎市
高津区溝口 2-7-3
11:00 ～ 21:00
火休

09 高島平の『あぺたいと』で両面焼きそば餃子Bセット

長いこと（10年くらい）行きたい行きたいと思っていたお店にようやく行って参りました。

東京都板橋区高島平の焼きそばの有名店『**あぺたいと 高島平本店**』、都営地下鉄三田線新高島平駅からすぐ。

ランチタイムに伺いました。

高島平と云えばその昔クレイジーケンバンドがドラマ「池袋ウエストゲートパーク スープの回」に出演した時のロケの多くが高島平でした。

懐かしいやら恥ずかしいやら。いやーん。

そんな思いも込めてカモンレッツゴー。


両面焼きそば餃子Bセット！


メニューを見たらとにかくセットメニューが豊富。

サービス精神旺盛なのがこの時点で判ります。

焼きそば単品大盛の選択肢もありましたが餃子の表記から目が離せなくなって焼きそば・餃子・半ライスのBセットに致しました。

Aセットはライスではなくスープ。

他に各種丼セット、チャーハンセット、カレーセット等々。

更に焼きそばの量も増やせると云う天国。

オーイェー。

両面焼きそば!

何が両面なのかと申せば、麺を片面ずつしっかり焼き付けてからほぐして具材を加えて味付け（ざっくりとした説明ですみません）、なので両面だそうな。

最近自宅で焼きそば研究に勤《いそ》しむワタシもその「麺を焼き付ける」と云うプロセスにフォーカスを当てております。

詳しくはまた改めて詳しく書く予定です。


それにしてもこの美しいルックス。

これが普通サイズの「小」。

麺1玉。

ここから中（1・5玉）、大（2玉）、ビッグ（2・5玉）、ばくはつ（3玉）と増量可能。

1玉でかなりのボリュームです。

イタダキマス。


ウマウマウー！


ああウマイ。

一口目から格別にウマイ。

ソース焼きそばのジャンルなのでしょうが、他とは一線を画するオリジナリティ。

オイスターソースを使った上海焼きそばに近い旨味の在り方。

具材はモヤシしか確認出来ませんでしたがこれ以上は要りません。これでバッチリです。

とにかく麺の楽しさがハンパではない。

麺が秘めたる歓びを解き放つ焼きそば。
サイコーでサイキョーです。
多分これから何度も食べる。
両面焼きそばブラボー。

餃子もウマイ。
ご飯と餃子でこれはこれで素晴らしく満足。

ウマウマウー！

そして焼きそばがご飯のおかずになることも発見。
これからの指針となる。
ブラボーブラボー。

張り紙など情報は多め。
でも魅力はシンプル。
また必ず伺います。美味しかったです！　御馳走様でした！

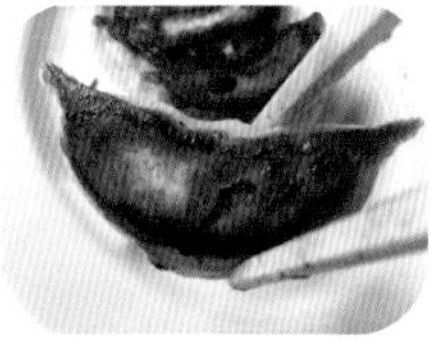

あぺたいと
本店高島平店
東京都板橋区高島平
7-12-8
11:00～22:00
月休

〈再訪問〉高島平の『あぺたいと』で両面焼きそば（中）、味噌漬け豚丼セット

先日のお昼は半年以上ぶりに高島平まで参りました。
高島平の焼きそばの有名店『**あぺたいと 高島平本店**』を再訪。
支店もあるんですが本店で食べたかったんです。カモンレッツゴー。

両面焼きそば（中）、味噌漬け豚丼セット！

中サイズは麺1・5玉。
生卵アリ。
本日はこのラインナップで。

両面焼きそば（中）！

あくまでも目的はこの焼きそば。
この佇まい。
スバラシイ。ウツクシイ。

来て良かった。
イタダキマス。

ウマウマウー!

やはりウマイ。
一口目の陶然たる味わいの豊かさたるや。
麺の焼けてカリッとしたところとそうでないところのコントラストの妙。
完成度が高いのに余裕がある。
それは青空みたいなものか。
空の青さも含めた風景の素晴らしさなのだけれど空は空。
「くう」とか「から」とか。
その空を食べさせる。
そしてそこにこそ普遍的な満足がある。
何かの問答のようになってきたけれどそんなことを考えました。
とにかく『あぺたいと』の両面焼きそばブラボー。

味噌漬け豚丼！

ウマウマウー！


これは結構味が濃い。

豚肉一切れでこの小丼山盛りのご飯を食べられますワタシなら。

味の濃いおかずで白飯を大量に食うと云うシアワセはまた別の話になりますので機会を改めて。

焼きそばとのマッチングはなかなかのもの。

コントラストがハッキリしていてなかなか良し。

味噌漬け豚丼もブラボー。


大満足。

ここまでやって来た甲斐がありました。

また必ず伺います。

美味しかったです！　御馳走様でした！

10 板橋の『あぺたいと』で両面やきそばランチ（小）と半熟目玉

先日所用がありまして東京は板橋辺りへ。

昼食リサーチ致しますと『**あぺたいと 板橋店**』がヒット。

ヒットしたならエンドラン。カモンレッツゴー。

両面やきそばランチ！

メインディッシュの焼きそばは（小）にて。

ランチの方の表記はオール平仮名のやきそば。

焼きそばの方は焼きそば、店内表記通りにしております。

焼きそばでご飯が食べられるか問題。

関東人にはなかなか悩ましい問題ですが、きっと普通に合わせると仰る方もいらっしゃるのでしょうね。

ワタシはこちらの焼きそばならイケると考えましてランチセットのご飯・スープ付き。いざ実践。

見目麗しき両面焼きそば。
半熟目玉オプションでオン。
イタダキマス。

ウマウマウー！

下の写真で見る通り、麺のエッジと透明感がバッチリ。
それがそのまま口当たりや味わいに直結しています。
深くて余韻の長い味わい。
その余韻の中でご飯が食べられます。
焼きそばの余韻をご飯の甘味がキラキラさせる。
余韻がキレイにくるくるっとまとまる。
焼きそばとご飯、アリです。ブラボー。

夜の居酒屋メニューも気になって仕方がありません。
いつか必ずや。
また伺います。美味しかったです！ 御馳走様でした！

あぺたいと 板橋店
東京都板橋区板橋
1-45-6 大坂ビル 1F
月〜土
11:30 〜 15:00
17:30 〜 22:30
日休

11 神保町の『みかさ』でソースやきそば（大盛）

先日のお昼は神保町におりました。

ランチは様々な選択肢がある中でやはり焼きそばにしましょう。

行列の出来る有名店**『神保町やきそば みかさ』**に行ってみると3人待ちと云うラッキーな状況に遭遇。

4人目として並びました。


先に食券を券売機で買っておきます。

店員さんが人数と味付け、並盛・大盛（同価格）の確認をしてくれます。

反射的に「大盛」と答えたワタシに幸あれ。

何人かお店を出ると何人かを入れるシステム。

店内カウンター一番奥の席にご案内。


カモンレッツゴー。

ソースやきそば（大盛）！


ソース味の他に塩味があります。

ワタシが入店していた間は全てのお客さんがソース味にしておられました。

そうすると塩味も気になるお年頃。

懸案事項としておきます。


イタダキマス。

ウマウマウー！


手打ちの平麺はぷるっとした食感。

どこからかする（ソースかな）カレーの香りと相俟ってとてもエキゾチックに思えます。

豚肉はパリパリに焼いてあって麺のやわらかさとのコントラストが絶妙。とにかく要素がたんまりとあるのです。

食べ進むに従って様々なイベントが次々に楽しめる焼きそば。

更に卓上の紅ショウガ、マヨネーズ、いか天かすなどもプラス。

特にマヨネーズはこの焼きそばの印象をお好み焼き方面にビシッと背負い投げ致します。


都会の焼きそばだなぁ。

フレンドリーだけど馴れ馴れしくはない。

とても一回だけでは神髄に迫れない。

何度も食べてみろと云うことか。

やきそばブラボー。

と云うわけでまた必ず伺います。

美味しかったです！　御馳走様でした！

神保町やきそば
みかさ
東京都千代田区神田
神保町2-24-3
11:00〜17:00頃
(売り切れ仕舞)
日祝休

〈再訪問〉神保町の『みかさ』で塩やきそばイカ・エビトッピング並盛

2巡目と云うわけではありませんが、焼きそば再訪問も幾つか候補が
あって。順次取材予定であります。
まずは神保町の有名店**『神保町やきそば みかさ』**に参りました。
こちらはソース味と塩味の二本立て。
ソース味を戴いた記事は前項をお読みください。
そして塩対応(間違った使い方承知しております)。カモンレッツゴー。

塩やきそばイカ・エビトッピング並盛！

麺は並盛でイカ・エビ入りにしてみました。
大盛は無料なのですがここは一つ自制しての並盛。
イカ・エビ方面寄りのショット。↓↓↓↓↓↓↓↓↓
イタダキマス。

ウマウマウー！

独特の平打ち麺は健在。

口当たりはソースがない分だけ麺にダイレクトにコンタクト。

うどんでもパスタでもない、やはりこれは焼きそば。

やわらかいけれどピロピロ感と、クッとした歯応えが快感。

塩味、奥深し。パリパリに焼かれた豚肉ともイカ・エビとも玉子焼きともナイスマッチ。

卓上には紅ショウガやマヨネーズやいか天かすなどもスタンバイしていますが、今回は先発完投でリリーフなし。

レモンをちょっと搾っただけで味わいがこんなに華やかになるとは。

塩味、奥深し。

ソース味と塩味、ワタシは塩味に軍配。しーおーあーじー（行司風に）。

塩味ブラボー。


11時30分前に訪問して、店先に行列はありませんでしたが、店内はほぼ満席。ラッキーにも一つだけ空いていた席（カウンター席のみ）に着席。

ワタシの後には数名の行列が出来ておりました。意外にも女性客多し。

今度はまたソース味を。美味しかったです！　御馳走様でした！

12 祖師ヶ谷大蔵の『岡田屋』でソース焼きソバ

地味な話ですが、ブログの横にあるテーマに「焼きそば・全国・全世界」と云うのを追加しまして。焼きそばの記事を増やして行きたいと考えております焼きそば愛好家見習いで御座います。

焼きそばの果てしなき旅をこれから続けて参ります。

さてそのカテゴリーに記事を追加するために記事を分割したりするのですが。

祖師ヶ谷大蔵の中華料理店『**中国菜館 岡田屋**』にてヤキブタやオムライスを戴いた記事はこちら。↓↓↓↓

その時に焼きそばも戴いておりました。

ここに改めましてカモンレッツゴー。


ソース焼きソバ！

焼きそばの表記も色々とあって。

焼きそば・焼そば・やきそば・ヤキソバと各種ありますが。
こちらは漢字・平仮名・片仮名全部アリの焼きソバ表記。
バリエーションが多いのはとても良いことだと思うのです。
焼きそばは自由です。
具も色々と入ったボリュームたっぷりのソース焼きソバ。
イタダキマス。

ウマウマウー！

この四角い断面の麺がとてもスキスキスー。
口当たりなめらかにして歯応え食べ応えも兼ね備えるハイブリッド系。
ソース味はトゥーマッチにならずに程好くしっかりの味付け。
ニラがこの一皿を個性付けております。
ニラか。今後もちょっと研究します。
ソース焼きソバブラボー。
まだ他に食べたいメニューがいっぱいいっぱいいっぱい。
またゆっくり伺います。美味しかったです！　御馳走様でした！

中国菜館 岡田屋
東京都世田谷区
祖師谷 3-30-1
岡田屋ビル 1F・2F
11:30 ～ 22:30
木休

13 東神奈川の『元祖ニュータンタンメン本舗』で焼そば

昨日の夜は横浜市神奈川区東神奈川の **『元祖ニュータンタンメン本舗東神奈川店』** に参りました。

若い頃からずっとお世話になっているお店です。

ここに来るとまず9割はニラ入りタンタンメン大辛オーダーなんですが（残り1割はほぼチャーハン）。

この日は意を決しての別メニューをオーダー。カモンレッツゴー。


焼そば！


太麺で野菜がいっぱいの焼そば。

ありそうでなかなかないタイプ。

ボリュームもたっぷりでどーんと来た。

この焼そばをベストと仰る方がいらっしゃいまして。

ワタシも検証してみたくなった次第。

イタダキマス。

ウマウマウー！


これは知っている。記憶にある。

記憶にあるのを呼び起こしたと云うのが正しいか。

もうちょっとで焼きうどんになってしまいそうな太麺。

麺の断面の四角さがたまらん。

塩味の料理にありがちな物足りなさを全く感じさせない東神奈川店らしいストロング塩。

キョーレツに懐かしいと思ったのは擬似的懐古感か。

いやいやこの味は自分の中にある。

自分探し。きゃーはずかしー。

とにかくこれはワタシにとっての東神奈川の味。

そして心の底まで満足至極。

ああウマかった。背筋がピンと伸びる味わいでした。

東神奈川『ニュータンタン』の焼そばブラボー。

肉野菜炒め！

参考資料として提出します。
焼そばと味付けも内容もほぼカブリます。
肉野菜炒めにあって焼そばにないのは肉とタケノコ。
パッと確認しただけですが差はそれくらい。味付けもほぼ同じかと。
でも肉野菜炒めは肉野菜炒め。焼そばは焼そば。
厳然たる違いがあるのです。
個人的にはやはり焼そばに軍配。
やきーそばー（勝ち名乗り風に）。

餃子！

あっ。
これも記憶にちゃんとある。
ウマウマウー！
これと白ご飯だけで満足するヤツだ。

やったことある。何十年前だろうか。
ワタシはホントに食と記憶が繋がってるんだなと自ら感心。
餃子もまた独り占めせねば（この日は数名で伺っております）。
餃子ブラボー。

チャーハン！

お裾分け戴きました。

ウマウマウー！

これでいいのだ。これもまた食べよう。
チャーハンブラボー。

でもやはりニラ入りタンタンメン大辛を食べたいわ。
またゆっくり伺います。
美味しかったです！　御馳走様でした！

元祖ニュータンタンメン本舗
東神奈川店
神奈川県横浜市神奈川区西神奈川1-1-7
月火木金土
11:00～翌2:00
日祝
11:00～翌1:00
水休

14 川崎の『元祖ニュータンタンメン本舗京町店』で焼きそば醤油味

調査を致しましたところ大変なことを発見致しました。

川崎、横浜の京浜地区を中心に絶大なる支持と信頼を得ております『**元祖ニュータンタンメン本舗**』。

先日テレビでも紹介されたローカルフード、タンタンメン。

担々麺ではなくタンタンメンです。

そちらの内容には今回は深く触れません。

ニュータンタン（略称失礼）はフランチャイズで店舗がいっぱいあります。

どの店舗もタンタンメン自体は同じもの（厳密にはかなーり違うのだけど）を提供しますが、他のメニューに関しては店舗それぞれ品揃えも味わいの方向も大きく違います。

例えば焼きそば。

ワタシの利用頻度が多い東神奈川店の焼きそばは前述のように白い仕

上がりで塩味。大変にウマイ。
でも**『元祖ニュータンタンメン本舗 京町店』**の焼きそばは全然違う
と云うのが今回の大変な発見。
その違いを検証して参りました。
カモンレッツゴー。

焼きそば醤油味！

ああ全然違う。
焼きそばは醤油味とソース味があるとのこと。
ソース味は後日また検証致します。
銀皿と云うのがまた個性的。
ルックスソーグッド。
野菜たっぷり。
トウガラシの参加も確認出来ます。イタダキマス。

ウマウマウー！

何と云う美しき麺の姿。
タンタンメンで使う断面正方形のストレート太麺。
醤油味と云うよりもスタミナ系の味がします。
基本的に野菜炒めと同じ系列の味付けをする感じなのでしょうか、
ニュータンタン各店の焼きそば。
この焼きそばで飲める。
ビールでもレモンサワーでもハイボールでも。
ヤバイヤキソバ。
でもたまらん。
この焼きそばに出逢えて良かった。

焼きそば醤油味ブラボー。

スタミナ付けて乗り切ろう。
またゆっくり伺います。
美味しかったです！　御馳走様でした！

元祖ニュータンタンメン本舗 京町店
神奈川県川崎市
川崎区京町 1-18-7
11:30 〜 23:30
無休

自作焼きそば

column 02

北海道札幌市『西山製麺』の道産小麦のソース焼そば

旅はずっと続いております。
焼きそばの果てしなき旅。
まだまだ止まるところを知りません。

小野瀬雅生のオフィシャルブログタイトルが「世界の涯で天丼を食らうの逆襲」であることからもお判り戴けるかと存じますがワタシの専攻は天丼。天丼も幅広く色々なところで色々なのを食べたけれど、焼きそばの広がりと云うか裾野の広さには敵うべくも御座いません。

焼きそばは生活に密着した食べ物でそのバリエーションたるや目が眩む思いがいたします。
こんなにスゴイのか焼きそば。恐れ入谷の鬼子母神と云うか恐れイリアのジューシーフルーツと云うか古いネタですみません。

焼きそばによるディスカバー・ジャパン（これも古いな）。それだけでもかなりの数になったのでどんどん紹介することにする。カモンレッツゴー。


札幌の**『西山製麺』**製、道産小麦のソース焼そば。

これは東京・有楽町の北海道アンテナショップ「北海道どさんこプラザ 有楽町店」で入手。なかなかウマそうなジャケ写である。

ジャケ写を模して、肉を牛挽肉にしてみた。

これは惜しくも閉店してしまった東京・五反田の**『後楽そば』**の焼きそばにちょっとだけ挽肉が入っていたのを発見したことによるインスパイア。


太麺がもっちりとして大変にウマかった。ソースの味わいも丁度良いくらいのスパイシーさもあり甘さもありで完成度高し。

生卵は好き嫌いあると思うがこの麺とソースには合う。

ウマウマウー。
また食べよう。

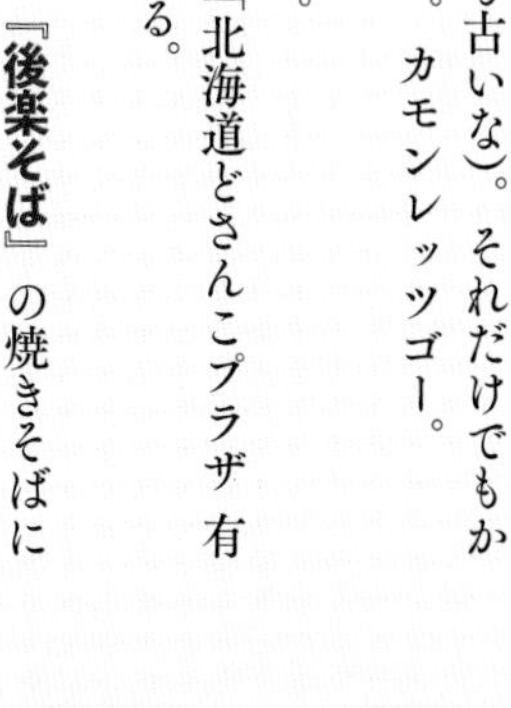

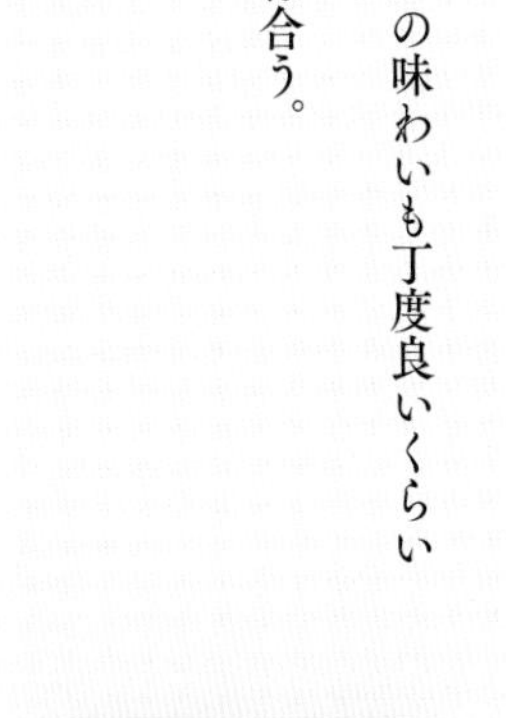

15 横浜市青葉区桂台の『想夫恋』で想夫恋焼き（大）

懸案のお店に行って参りました。東急田園都市線青葉台駅から日体大行きバスに乗って「田奈高校」で下車、バス停から歩いてすぐ。

神奈川県立田奈高校っていつ出来たっけか。1978年ってことは自分が高校に入った年だ、そうか1期生はワタシと同い年ってことになりますね。

そんな記憶があるからいつまでも新設校ってイメージだけれど、もう40年以上経っているのか。

うひー。頭がクラクラしたけどお題はそこではない。

焼きそばです。

伺いましたのは**『想夫恋 横浜青葉店』**。

大分県日田市に本店のある焼きそば店『想夫恋』の関東唯一の支店がこちらです。

それもよりによってこんな（中略）場所にあると云うのがなかなかハードルが高くてなかなか伺えなかったのですが意を決してようやく訪問が叶いました。カモンレッツゴー。

想夫恋焼き（大）生たまごトッピング！

メニューの核はこの焼きそば。普通か大かの2種類のみ。
あとは焼きそばのトッピング数種。そして一口餃子とライス。
ライス。ライスか。
なるほど。

調理工程はまず麺を「焼く」ことから。
こだわりは炒めるのではないと云うこと。
にゃるほろ。詳しくはこちらです。↓↓↓↓↓↓
イタダキマス。

ウマウマウー！

具は豚肉、モヤシ、青ネギ。
特製ソースは濃すぎず薄すぎずで絶妙。
シンプルながら濃厚な味わいの中。
クローズアップされるべきはやはり麺の有り様。
焼けてカリッとした部分とやわらかいまま工程を凌ぎ切った部分との

コントラスト。

そこは1か0かのデジタルではなく無段階で存在するアナログの良さ。

その塩梅は作り手の裁量。

出来上がるまでのゆったりとした時間から突然眼前に現れる焼きそばの偉容、そして一気呵成に食らう歓び。

こりゃたまらん。来てみて良かった。


想夫恋焼きブラボー。ウマウマウー！


こんな風にカリカリのクッキー状になっている麺もいる。

このサプライズは本当に心躍ります。

そうかこの焼きそばでライスか。いつか試してみよう。

ブラボーブラボー。

時間に余裕を持っての訪問をお願いします。

あまり見たことのないトッピングもあったので、それも次回は是非。

またゆっくり伺います。

美味しかったです！　御馳走様でした！

想夫恋 横浜青葉店
神奈川県横浜市
青葉区桂台 2-38-15
第2スズキビル 103
11:30 〜 15:00
18:00 〜 21:00
火休

16 本牧の『ブギーカフェ』で日本武道館の翌日に本牧チャウメン

2020年10月31日、CKB武道館公演の翌日、友人たちと連れ立って横浜市本牧『**ブギーカフェ**』に参りました。

ブギーカフェ、久しぶりです。

ちょうどCHIBOWさんもいらして、偶然所用のがーちゃんもやって来て、武道館の感想を一頻《ひとしき》りお話しして。

そこに自分の友人たちもいて何かとても不思議でステキなひとときでした。

そしてブギーカフェに来たら食べようと思っていたものがありました。

カモンレッツゴー。

本牧チャウメン！

アルファベット表記はHonmoku Chow Men。

漢字ですと本牧炒麵。焼きそばです。

皆さん、焼きそばですよ。

世界中に様々なチャウメンがありまして。

ワタシの大好きなシンガーである、ウォーレン・ジヴォンのヒット曲「Werewolves Of London」の歌詞に〝Beef Chow Mein〟が出て来るのをその後に発見したりしましてワタシの人生にいきなり焼きそばと云うかチャウメンがクローズアップされたのです。

ヒャッホー。

イタダキマス。


ウマウマウー！


特徴的なのは何よりもまず麺。

固いと云うか弾力性があると云うか。

輪ゴムのようなと云うのが正鵠を射ているような、それだとちょっと美味しくなさそうな、まあとにかく独特のハードな麺です。

味は塩味系で穏やかですがスパムなども入ってそこそこのパワフルさがゴンとあります。

自分が焼きそばの旅に出ているからこそ、この魅力はズドンとシャープに入って来ました。

これはヤバイ。

大ハマリしそうな予感。

友人たちと分け合って食べたため全体のボリューム感が掴めなかったので次回独り占め決定。


本牧チャウメンブラボー。


四角いピザも食べましたが別記事にて。

↓↓

そしてチャウメンの辛そうなヤツも。

近々食べに伺います。

美味しかったです！　御馳走様でした！

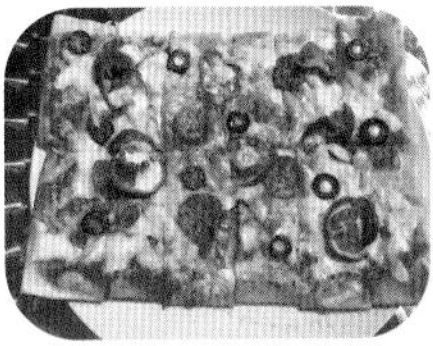

ブギーカフェ
（Boogie Cafe）
神奈川県横浜市中区
本牧間門20-1
12:00～翌1:00
木休

17 西葛西の『ヤキソバーきのこや』で富士宮やきそば色々

今年（2020年）色々御縁があった東京都江戸川区西葛西。

インド料理店数多くある中に焼きそば専門店があるとの情報アリ。

何の因果か巡り合わせか。

その情報をもとにそのお店に行ってみるとあら閉店かしらん。

このご時世だから仕方がないと諦めかけたら、近くに移転していらっしゃるとの情報アリ。

諦めたらイカン。

よく調べよう。


そのお店は『**ヤキソバーきのこや**』と云う名前。

富士宮やきそばを出されているとのこと。

情報量多いな。

実は複数回伺っているのでまとめてドン。

カモンレッツゴー。

豚肉入りやきそば!


まずはランチタイムに伺った時。

スタンダードに豚肉入り。他の具はキャベツのみ。

目玉焼はオプションのトッピング。

イタダキマス。


ウマウマウー!


ああ富士宮。

富士宮で食べたことはありませんが。

都内某所で屋台が出ていたことがありまして、そこで富士宮やきそばを数度食べたことがあります。

麺のコシがしっかりしていて食べ応えアリ。

ソースの風味と魚粉などの魚介系味わいがナイスマッチ。

特徴は油っこくないこと。

でろでろと重たくない。

焼きそばなのにスッキリあっさりしているのです。

でもフツーにウマイ。

何も意識せずともウマイ。

それがイイ。


富士宮やきそばブラボー。


焼きそばに玉子が必要か問題。

これは深刻な問題です。

目玉はともかく生は抵抗感のある方が多くいらっしゃるようです。

更にワタシは10年前だったら完全に玉子排除派の急先鋒にいた人間です。現在は玉子奨励派で180度違う立場にいます。

たまに360度違う意見だと云う人もいますがそれだと一回りして同じですよはっはっは。なんのこっちゃ。

テイクアウトもやっておられます。


そして別日の夜にも伺いました。

ヤキソバー
きのこや
東京都江戸川区
西葛西5-10-14-101
11:30～14:30
17:00～22:00
日祝休

デラックスやきそば！

こちらは夜に伺った時のデラックスバージョン。
具オプションの豚・イカ・きのこ全部入り。
デラックスですね。更に目玉焼トッピングです。

きのこ類色々。豚肉などたっぷり。
イタダキマス。

ウマウマウー！

もちもちの麺とソースと魚粉などのマッチングがスバラシイ。
ああ何とシアワセであることか。
油っこくないところを半熟の目玉がとろりとカバーしてスムースにナイス連携プレー。

デラックスやきそばブラボー。

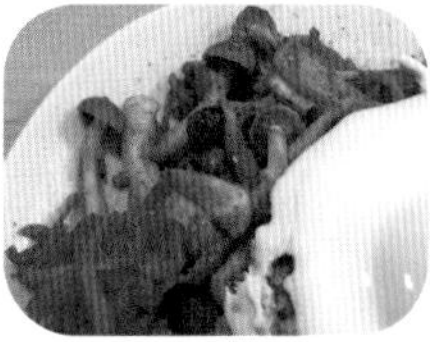

プレーンやきそば！


そしてシンプルなのも試してみました。

具はキャベツのみ。潔し。イタダキマス。


ウマウマウー！


麺をよりストイックに楽しみたい時は断然こちら。

ワタシはこちらを愛でる人間です。

ただひたすら焼きそばに浸りたい。

集中し没入したい。

スムースでなくても華やかさはなくてもそのままの君を愛したい。

蕎麦屋さんでせいろをオーダーすると云うストイックさではありません。ただ欲張りなだけです。プレーンやきそばブラボー。

夜は近隣の皆様が居酒屋使いで賑やかに飲んでおられます。

今度はお酒もゆっくり。美味しかったです！　御馳走様でした！

18 西葛西の『ムンバイキッチン』でチキンシェズワンそば

焼きそばの旅が多国籍方面に参ります。
ここのところ出没度数の多い西葛西。
インドレストラン『**ムンバイキッチン**』には何度か伺っています。
インドと中華のハイブリッド料理が楽しめるお店。
カリフラワーマンチュリヤンなど絶品。
でもこちらに伺ったお目当てはそれじゃない。↓↓↓↓↓↓↓↓
カモンレッツゴー。

チキンシェズワンそば!

シェズワン（Schezwan）とは四川のことです。要するにインドレストランがお贈りするチキン四川風焼きそばと云う寸法です。
でもこの赤と云うかオレンジ色と云うか色味がどうも四川っぽくない。
タンドーリチキンやシークカバブの赤色なんですよね。

これにご飯も入れてそばめしになっているのが3年前
に食べたチキントリパルシェズワンライス。↓↓↓↓↓

今回はそばバージョンで。

盛り付けはどっさり系。

世界一周とかをする豪華客船のようにも見えます。

見えないか。イタダキマス。


ウマウマウー!


ああこれは結構辛い。

最初はそんなに感じませんが食べているうちに段々と辛さがじわじわと押し寄せて参ります。それにしても食べても食べても減らない。

その辛味を頼りに黙々と食べ進めることとなります。

こんなに多かったっけか。

野菜も色々入っていて途中野菜が集結しているパートに当たることもありますがまあそれはそれ。そうこうしている間に食べちゃった。

これは何かしらの中毒性を持っている料理であろうかと推測します。

チキンシェズワンそばブラボー。

こちら実は数ヶ月前に食べたバージョン。
そんなに大盛じゃないでしょ、ね。
何度か伺っているのでサービスしてくれたのかしらん。

ウマウマウー!

この日はネギ多めでした。そんなに辛さも来なかったと思う。
次、食べたらどんなのがやって来るのだろう。
そうしたブレもエンターテインメント。やっぱりブラボー。
こちらにはあと3種類、焼きそばの存在を確認しております。
また追ってご報告致します。そしてまた米方面も食べに伺います。
美味しかったです! 御馳走様でした!

ムンバイキッチン
東京都江戸川区
西葛西6-12-9
エッグス23ビル1F
11:00〜15:00
17:00〜23:00
無休

19 五反田の『亜細亜』で五目やきそば

先日のお昼は五反田にて。まだまだ未訪問のお店も多いのです。

そんな中で、ああここに行っていなかったのかと愕然とするような未訪問店。五反田駅からすぐの中華料理店**『亜細亜』**に伺いました。

１９４７年創業の老舗。初訪問となります。カモンレッツゴー。


五目やきそば！


カタヤキソバではなくヤワラカイ方です。

あんかけたっぷりの高級店方面ルックスのやきそば。

こう云うあんかけ系の中華を見ると、前にも書きましたが、ワタシの母親（存命）が即座に卓上のお酢をドボドボとかけたのを思い出します。

一口も味見もせずにお酢。

なぜそんなにかけるのかと子供のワタシは義憤に駆られておりました。

タンメンにはお酢に加えて大量のコショウも投入していたな。

なのでワタシは極力お酢などをかけない人間として成長致しました。

閑話休題。イタダキマス。


ウマウマウー！


ああ何だか東京の味がする。

横浜育ちのワタシはすぐそうやって比較してしまいます。このやきそばも少し甘めの味付けですがこれが横浜だともっとずっと甘い。

東京はやはり洗練度が高いと思うのです。カマボコとかナルトとか入ってないし五目の考え方がさっぱりしている。

そして食べ進めるうちにあんかけが解けてきてゆるーくなってくるのが昭和っぽくてポイント獲得。ステキです。

五目やきそばブラボー。

他にも食べてみたいメニュー多数。

またゆっくり伺います。美味しかったです！　御馳走様でした！

亜細亜
東京都品川区
東五反田 1-13-9
11:30 ～ 14:00
17:30 ～ 22:30
木休

自作焼きそば

column 03

宮城県石巻市『島金商店』の石巻蒸し焼きそば

こちらは宮城県石巻市の『**島金商店**』製、石巻蒸し焼きそば、3食箱入り。パッケージにある「B－1グランプリ」とはイワユルB級グルメブームの立役者で、全国のローカルフードが一躍脚光を浴びることになったのは大変に素晴らしいことだと思う。焼きそばはB級グルメと云うカテゴライズや呼称から逃れられない立ち位置にいる。

僕もよく「小野瀬さんはB級グルマンですね」と云う意味合いのことを云われる。あまり気にはしていないけれどA級があってその下にB級があって更にC級もあるようなそう云うランク付けにはあまり賛同しない。

気取っていて量もちょぼちょぼでお値段もそこそこするのがA級なら、手軽でお腹がいっぱいになるB級の方が断然良いとは思うけれど、B級でもどうしても馴染めない下品さを感じる料理もあれば、シンプルで飾り気がなくウェルカムなA級だってある。急にB級グルメ論に突入してしまってすみません。これはまた改めて考えて書きます。

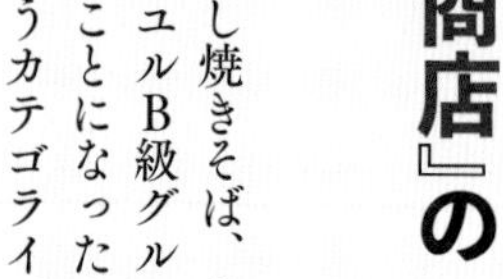

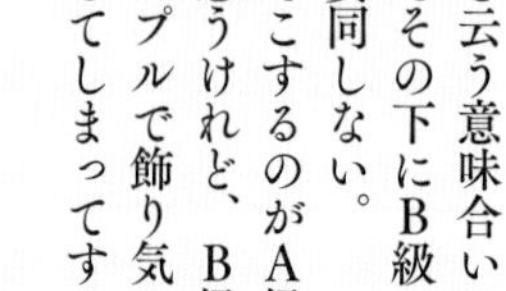

内容はこんな感じで、ソースは後がけ方式。途中で味変して楽しめると云う趣向だ。それにしても麺が茶色い。茶色いことはイイことだ。

パッケージの写真を参考に目玉焼きも載せてみた。ビジュアル的にはなかなか良い出来だと自負している。


これまた問答無用でウマイ。太麺のもちもち感がたまらない。

この薄味状態でも充分にウマイけれど、後がけソースでまた味わいがピシッと引き締まる。

常温60日保存可能の商品でこれだけのウマさなら、石巻で出来立ての焼きそばを食べたらどれくらい感動するであろうか。石巻にも行かねばならぬ。

こうして旅の構想がどんどん膨らんでいく。早くどこへでも行けるような世の中にならないかなと心から願う次第。

自宅にいながらにして、石巻に旅することが出来た。


ウマウマウー。

焼きそばの果てしなき旅はまだまだ続きます。

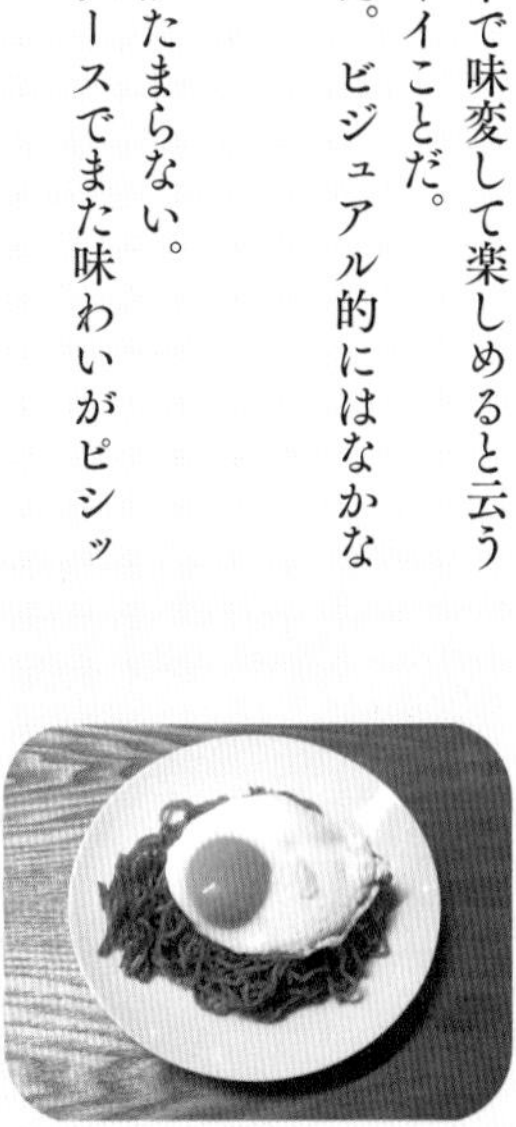

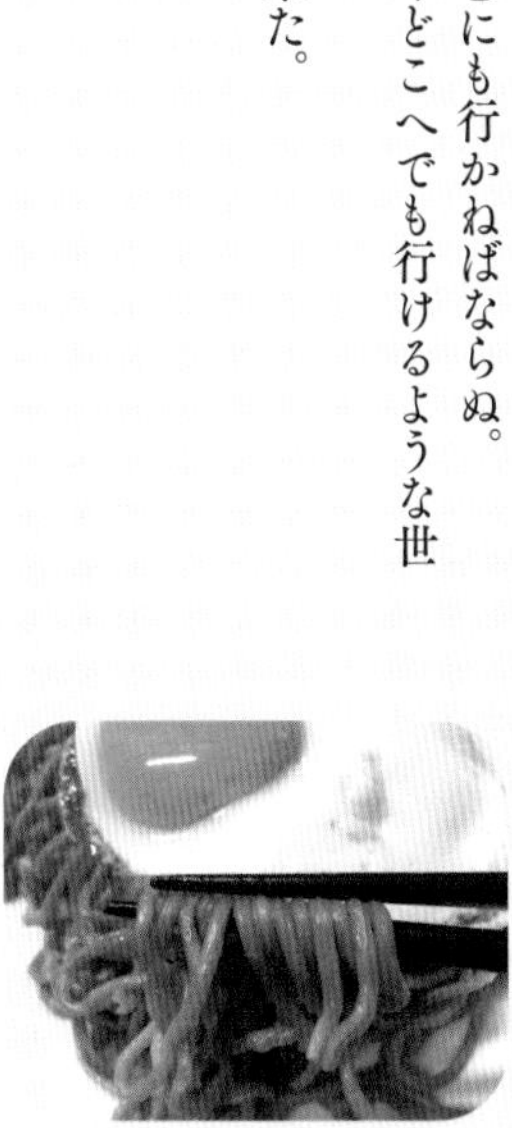

20 横浜鶴見の『ちぇん麺』でカレーあんかけ焼きそば（並）

先日京浜急行に乗っていた時にふと京急鶴見駅で降りてみることにしました。
ネットでのリサーチ結果が頭に入っていたからに他なりません。
伺いましたのはあんかけ焼きそば専門店『**ちぇん麺**』。
チェンと云えばチェン・ウェイン投手が阪神に入団しましたね。
関係ないですね。
能見投手はオリックス、福留選手は中日。
そして内川選手はヤクルトへ。（注／本稿は2020年12月のブログより）
本当に関係ないですね。
あんかけ焼きそばと云えば北海道の小樽を思い出します。
今年は結局北海道に行けず仕舞いだったか残念無念。
来年は行けたらイイな。

気持ちがすぐ脱線する師走です。カモンレッツゴー。

カレーあんかけ焼きそば（並）！

醤油味、そして塩味のあんかけ焼きそばもありますが、カレーあんかけとは珍しい。

中華料理店のカレーがいつも心のどこかに響いているワタシですのでこの取り合わせは渡りに船。

いや願ったり叶ったりの方が用法として正しいか。

猫に鰹節の方が良いか。まあいいか。

お昼はライスサービスです。これは鬼に金棒か。

しつこいですねすみません。

とにかく立ち上る湯気がスゴイ。

写真がみんなデヴィッド・ハミルトンになっちゃう。

あと麺の焼き加減を選べます。

ちょい焼き、普通焼き、よく焼き。
初めてですので普通で。
あとカレーは辛さを選べます。0辛〜5辛。
初めてですので無難に1辛でお願いします。

アッアッに迫ります。ふーふーなんてしません。
イタダキマス。

ウマウマウー！

写真は麺のよく焼けた部分。
ここはかなりカリカリに焼けています。
カリカリのすぐそばにやわらか部分が続いております。
まずはこの麺の食感の差が面白い。
カリカリ部分の方があんかけがよく絡むような気がします。
そのカレーあんかけ。
ああ中華カレーの歓びがある。ウレシイじゃあーりませんか。

ブラボー。
ウマウマウー！

やわらか部分の麺もなかなかイイ。
ふむふむうんうんと頷きながら食べていたらもう終盤戦。
ああご飯はどうするのだ小野瀬雅生。
そこにナイスアイディア。
これこそ渡りに船か。

カレー味の煮豚を載せて大解決。
これはまた別個にウマイ。
カレーはこのあまり辛くない方が中華っぽいけれど。
もうちょっと辛くしてもエキゾチックかな。
それはいつかやる。
決定。

あと煮豚以外にも、キクラゲやタケノコと云ったワタシの大好物オン

パレード。
うずら玉子もおりました。
ウキウキ気分で完食。

カレーあんかけ焼きそばブラボー。

このお店、前は別のお店だったでしょ。
思い出せなかったのですが思い出しました。
『麺バカ息子』ってお店でした。つけ麺、食べましたよ。
それももう10年くらい前で、今は蒲田にあります。（注／現在は閉店）
蒲田のお店にも一度行ったのがブログ記事に残っていました。
ブログ書いておくもんだな。
ああすっきりした。

次は別の味を食べてみようと虎視眈々。
また必ず伺います。
美味しかったです！　御馳走様でした！

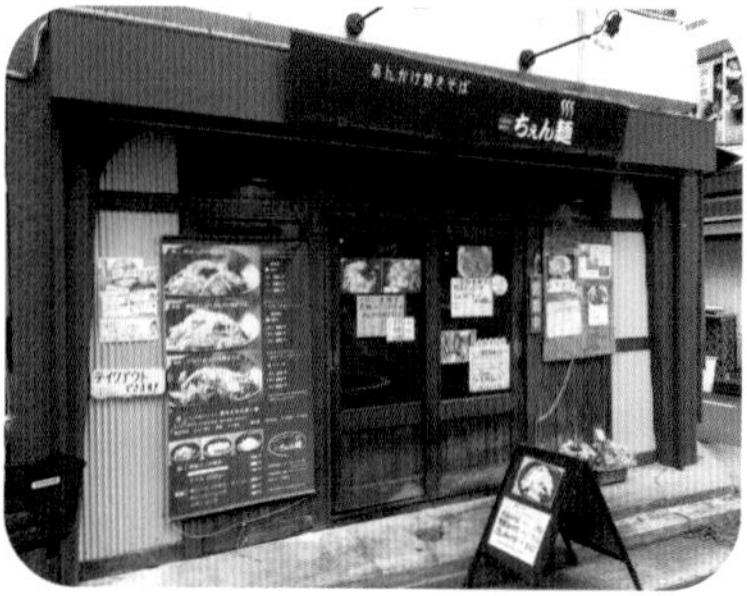

ちぇん麺
神奈川県横浜市鶴見区鶴見中央 4-24-15
櫻ビルディング 1F
11:00 ～ 16:00
17:00 ～ 22:00
火祝休

21 日ノ出町の『第一亭』でヤキソバ

ワタシが長年通っている横浜市中区日ノ出町『第一亭』。昔はここでシジミの醤油漬けをちゅるちゅる吸いながら酒を飲んでおりました。

こちらの餃子はマイスタンダード餃子。「孤独のグルメ」に登場して、裏メニューだったパタンが表メニュー以上に有名になったりもいたしました。

このお店に来て餃子も青菜炒めもホルモン炒めもチートもパタンも食べなかったことなんてなかったです。

この日の狙いは新たなる一点。しかしのその一点がスゴかったのです。論より証拠。カモンレッツゴー。

ヤキソバ！

そうですヤキソバです。

多分食べたことはあると思うのです。

なんせ三十数年通っておりますので。

でもこれをターゲットにしたことはありませんでした。

心して戴いてみたいと思います。


もうこの佇まいだけで「胸いっぱいの愛を」なのですが。

この後で「祭典の日」となります。

イタダキマス。


ウマウマウー!


ワタシはこの素晴らしさを知らずに58年生きて来たのか。

そうなんですスバラシイのです。

味を表現するに「第一亭の味」としか申し上げられません。

でも『第一亭』のことをある程度ご存じの方なら納得して戴けると思います。無理矢理説明すればホルモン炒めだったりレバニラ炒めだったりの料理のあの味がするんですよ。

『第一亭』のイイトコロがギュッと凝縮された味わいなんですよ。

今まで知らなかった（忘れてた）けれど知ることが出来た。

2020年の大収穫。人生がレベルアップした。

パタンもウマイけれどこれからはヤキソバにします。

「貴方を愛しつづけて」になりました。（注／「胸いっぱいの愛を」「祭典の日」「貴方を愛しつづけて」はいずれもレッド・ツェッペリンの曲名）

第一亭のヤキソバブラボー。


すみませんレモンサワーは戴きました。

あのね。


ヤキソバとレモンサワー。すんばらしい相性です。


ナイショですよ。

そんなわけでまたゆっくり伺います。

美味しかったです！　御馳走様でした！

第一亭
神奈川県横浜市中区日ノ出町1-20
11:00～14:00（昼営業休止の日アリ）
16:00～21:00
火休

22 横浜市旭区市沢町の『大判焼き マツモト』で肉玉焼きそば

横浜生まれ横浜育ちですが横浜市内で行ったことのない場所はまだまだいっぱいあります。

旭区市沢町は近くを通ったことはあるとは思うのですが用事があって行ったことはありません。

今回は焼きそばを食べると云う用事が出来ましたのでＧｏＴｏ市沢町。

伺いましたのは『**大判焼き マツモト**』。

テイクアウトで大判焼き、イートインで焼きそば、焼きうどん、甘味を戴けるお店です。カモンレッツゴー。


肉玉焼きそば！


デフォルトの焼きそばは野菜入り。

それに肉やエビやイカや玉子を追加していくスタイル。

味はソース・しょう油・キムチ味が選べて更にそばかうどんも選べます。

マトリクスで何通りになるのだろう。
取りあえず王道方面で肉玉・ソース味・そばでオーダー致しました。
イタダキマス。

ウマウマウー！

全国各地に色々な焼きそばがあって色々なスタンダードがありますが、
これはワタシにとって横浜スタンダードの焼きそばに思えます。
まずふと思い出したのはもう閉店してしまった南区の『磯村屋』の焼きそば。
あの感じを旭区市沢町でまた味わえるとは。
麺の感じと味付けの絡み方がとても似ている。
さっぱりとしたソース味。
味付けは程好く薄め。
ウェット寄りの仕上がり。
横浜の横浜らしいソース焼きそば。
異論はあるかと存じますがワタシにはそう思えました。

そして特筆すべきもう一点はボリューム満点であること。
たっぷりしっかりお腹いっぱいになります。
大盛にするとどんなになるんだろう。
更にこちらにはご飯セット（ご飯・味噌汁）があって、焼きそばをおかずに出来ます。
焼きそばとご飯問題もいつか問わねばならぬ。
市沢町にまた来る用事が出来ました。

肉玉焼きそば、ブラボー。

相鉄バスで和田町から新桜ケ丘団地行きに乗って市沢団地入口バス停で下車。
二俣川や東戸塚からもバスで来られます。
近くを環状2号線が走っているので車だと来やすいのかな。
またゆっくり伺います。

美味しかったです！　御馳走様でした！

大判焼き マツモト
神奈川県横浜市
旭区市沢町656-4
10:00〜20:00
月祝休

〈再訪問〉横浜市旭区市沢町の『大判焼き マツモト』で肉焼きそばキムチ味

久しぶりに焼きそばの旅へ。

旅と云ってもそんなに遠くに行ってたわけじゃないけど。

横浜市旭区市沢町の『**大判焼き マツモト**』を再訪しました。

昨年（２０２０年）12月以来のご無沙汰です。

この辺りは来ようと思って来ない限り通りすがったりもしない場所ですので、狙いを定めて来ようと強く思った次第。

カモンレッツゴー。


肉焼きそばキムチ味！


こちらは焼きそばの味をソース・しょう油・キムチ味（メニュー表記ママ）から選べます。

このところワタシはキムチのことばかり考えておりまして。

そうなんです。新たなるムーブメント勃発なのでありますよ、はい。

そこに焼きそばの旅が重なって、そう云えばここにキムチ味があった

なと思い出して再訪した次第。
ご存じの通り思い立ったら止まらないタイプのワタシです。

ソース味よりもカラーリングは薄め。
それほどキムチカラーってわけでもなく。
穏やかな風情です。
イタダキマス。

ウマウマウー！

おお、これはこれは。
キムチのピリッとした刺激がこの麺とヒジョーにマッチしております。
でもこれは紛うかたなき焼きそば。
キムチ味と云う新しい地平も何か懐かしさすら感じるような落ち着き具合。
ヒジョーにウマイ。
程好い辛さに心安らぐもよし。

卓上の唐辛子を振りかけて辛みアップするもよし。
大満足です。

肉焼きそばキムチ味ブラボー。

大判焼きをテイクアウトで買いましたが、写真も撮らずに食べちゃいました。
今度はちゃんと撮ります。
ウマかったですよ。

こうなったらしょう油味も試さねばなるまいて。
そう云えば焼きうどんもあるんです、こちら。
また必ず伺います。

美味しかったです！　御馳走様でした！

23 神田の『味坊』でラム肉入り手打ち焼きそば

昨年（2020年）末どうしても神田の『**味坊**』に行きたくなりまして。
滑り込みセーフで夜に伺いました。
約2年ぶりの訪問。
そんなに時間経っちゃったかなーそうかー。
ともかく狙いはもうアレとアレ。
アレとアレとアレはまたの機会に人数も揃えて。
その中でもやはりアレはちゃんとご紹介せねば。アレです。
カモンレッツゴー。

ラム肉入り手打ち焼きそば！

これですこれです、アレはこれです。
細い麺の焼きそばと太い麺の焼きそばとそれぞれの世界があって。
このところ太麺焼きそばの方に意識が向きがちであったところにこの

アレを思い出しちゃいまして。
思い出したら矢も楯もたまらずで昨年のウチに念願成就した次第です。

ああこのルックスですよ。極上のグラマラスさ。
赤いのはトマトです。
このトマトがとても重要なのです。
イタダキマス。

ウマウマウー!

絶大なる旨味の威力。
具はラム肉・キャベツ・トマト・セロリ。
味付けはあまり甘くない醤油味。
こうして書いてみるとシンプルな料理に思えますが食べると印象は全く違います。
剛速球も多彩な変化球も操るスーパーピッチャー。
またはどんな速球にも変化球にも対応可能なスーパーバッター。

好守共に兼ね備えた天才です。トマトが特に大天才。
スバラシイ。ウックシイ。ラム肉入り手打ち焼きそばブラボー。

ウマウマウー！

この手打ちのもちもちの麺がもちもちとたまらんのですもちもち。
愛しすぎて心がどうにかなってしまいそうなレベル。
世間の論調では細麺が洗練されていて太麺はちょっと野暮ったいと思われがちです。野暮ったいの上等じゃないですか。太麺なめんなよ。
それも太さも長さも不揃いなところが心から楽しく愛おしいのですよ。

焼きそば云々ではなくこれは料理として最上位のウマイモノ。

スキスキスー。アイシテマス。
手打ち太麺ブラボー。

美味しかったです！　御馳走様でした！

味坊
東京都千代田区
鍛冶町 2-11-20
月〜土
11:00 〜 14:30
17:00 〜 23:00
日祝
13:00 〜 23:00
不定休

24 都立大学の『銀水』で焼そば

先日のお昼は東急東横線都立大学駅近辺にて。

当て所もなくふらふら歩いておりましたら『**銀水**』と云う中華料理店を発見。

とても鋭角な角地にあるカウンターだけのお店。

コの字カウンターでナシにくの字カウンター。もっと鋭角か。

多分かなり昔からあるお店です。求めるものはモチロン一つ。カモンレッツゴー。


焼そば！


メニューには焼そばとだけしか書かれておりませんでしたので何味なのか不明のままオーダーしましたが、オーダー直後に「青海苔大丈夫ですか？」と訊かれたのであぁソース味なのかと得心した次第。

いやもしかしたら他の味で青海苔なのかとも思ったのですがそれならそれで良いかと考えた次第。

店内のテレビではキンキュー事態云々と喧しくやっておりましたが何だか現実味がなく

て不思議な気持ちが致しておりましたところヒヤカムズザ焼そば。青海苔も野菜もたっぷりのソース焼そば。イタダキマス。

ウマウマウー!


昔AMラジオの午前の番組で流れた「大当たりー」と云うボイスチェンジしたSEが頭の中に流れました「ゆうゆうワイド」だったかしら。とっても懐かしい味がしました。

家で食べる親しみやすさとお店で食べる気の利きかたが両立。

どこも尖っていないけどまったりしていると云うのとはまた違う。

泰然自若としたソース焼そば。

こいつは新年から縁起がよろしい。

アッと云う間に食べちゃった。焼そばブラボー。

焼そばの隣に焼うどんの記載。なかなかステキ。

麺類も定食も多数あって、これはまた必ず伺います。

美味しかったです！　御馳走様でした！

銀水
東京都目黒区平町
1-27-5
11:30 ～ 14:00
18:00 ～翌 2:00
(土祝は 24:00 まで)
日休

25 大口の『あづま商店』でミックス焼きそば並盛目玉焼きトッピング

先日のお昼は大口におりました。

大口と云ってもご存じのない方も多いですね。

JR横浜線の東神奈川と菊名の間に大口駅があります。

商店街はかなり規模が大きくて昭和初期から栄えています。

ワタシはこの大口駅近くの小学校に5年生の途中で転校して、そこを卒業しました。昔から馴染みの深い場所です。

お目当ては、焼きそばです。

大口駅から歩いてすぐのところにある焼きそば専門店『**あづま商店**』を訪問。

お昼だけの営業。

来よう来ようと思っていてようやく伺えました。カモンレッツゴー。


ミックス焼きそば並盛目玉焼きトッピング!

並盛ですがボリューム満点でグラマラスです。

デラックスは豚肉とイカ入り。

紅生姜も最初からどーんと付いて来ます。

ステキです。

とてもポップなルックス。そしてグラマラスでデラックス。

イタダキマス。


ウマウマウーー！


プルッとした食感の太めストレート麺。

エッジはゆるやかですするすると食べられる麺です。

味付けは甘めソースでしっかり、でも濃すぎずに程好い感じ。

具材ともトッピングともみんな仲良し。

そしてこのボリューム感の正体は実は麺だけでなく野菜がたっぷり入っているからなのでした。

キャベツは細切りで麺とフレンドリー。

そして珍しい具材の存在を確認。

ちくわ！

ちくわのスライスがたっぷりと入っています。

これがボリューム感と旨味をたっぷりプラスしています。

ウマウマウー！

どこにでもありそうでどこにもない独創的な焼きそば。

出逢えて良かった。

ミックス焼きそばブラボー。

焼きそばのバリエーションが色々あります。

気になるのもありますのでまた後日。

そしてめしセット（ご飯と味噌汁）もいつか検証しよう。

ですのでまた必ず伺います。

美味しかったです！　御馳走様でした！

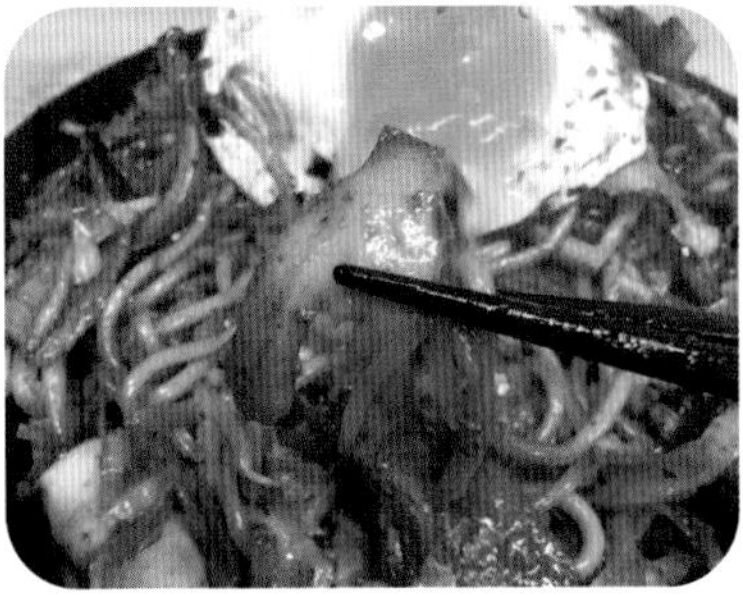

あづま商店
神奈川県横浜市神奈川区大口通130-10
11:00～14:30
月休（祝日は営業）

〈再訪問〉大口の『あづま商店』で塩焼きそばと豚キムチ焼きそば

しつこいようですが大口と云ってもご存じない方も多いと思います。横浜は広い。大口は横浜駅と新横浜駅のちょうど合間にあります。JR横浜線と云いながら以前は横浜駅に停車しませんでした（最近は桜木町まで行く電車もあります）。

横浜線のおかげで八王子が遠いところと云うイメージがありません。

話が逸れました。

住むところは離れても大口に御縁があるのか、度々このレトロな大口駅に降り立つこととなっています。ワタシの人生です。

それはそうとお昼は大口駅西口から歩いてすぐの『**あづま商店**』を再訪。懸案のメニューをオーダー致しました。カモンレッツゴー。

塩焼きそば目玉焼きトッピング！

塩味です。麺は並盛です。

青海苔がこれでもかと惜しげもなく。
目玉焼きはルックス的にもおめでたい。
イタダキマス。

ウマウマウー！

全体にしっとりとした仕上がりなのはこのお店の流儀。
独特のストレート麺は口当たりも良くするすると食べられちゃう。
具の野菜もたっぷりでボリューム満点。
ちくわもちゃんと入っていて独自路線。
洗練された塩味。胡麻油の香りが香ばしくてステキ。
どこにでもありそうで実はヒジョーにレアなスタイル。
目玉焼きとの関係性がほぼ完璧。
塩焼きそば目玉焼きトッピングブラボー。
他に黒焼きそばも赤焼きそばもキムチ焼きそばもある。
制覇を考えています。その第一歩が次ページから。

個人的キムチブームと焼きそばの旅のコラボレーション企画。

いや企画って云い方ではないのでしょうが。

ふとJR横浜線大口駅西口から歩いてすぐの『あづま商店』にそのコラボメニューがあったと思い出しまして行って参りました。

カモンレッツゴー。


豚キムチ焼きそば!


ボリューム満点で登場。こちらの気持ちもピシッとします。

キムチは炒めて麺と絡めてあるのにプラスそのままのもトッピングアリ。お気遣いに感謝します。

イタダキマス。


ウマウマウー!


ピリッと刺激的ですが辛すぎず。

豚肉や野菜の旨味がしっかりあって豊か。

ソース味のポップさとも塩味のストイックさとももまた別ポジション。
大ヒット。
豚キムチ焼きそばブラボー。

ウマウマウー！

豚キムチとこの麺の相性は途轍もなくスバラシイのではなかろうか。ヒジョーにウマイ。
こちらの特徴であるチクワ薄切りも具材としてキレイに馴染んでおります。野菜もたっぷりで大満足。

ブラボーブラボー。

お昼時はプチ行列。
でも回転は早いのですぐ入店出来ました。
また必ず伺います。
美味しかったです！　御馳走様でした！

column 04

自作焼きそば

愛知県名古屋市『めん亭はるもと』の麺を使い自宅で焼きそばを作る

名古屋に僕が敬愛してやまないお店がある。

名古屋市北区にある『**めん亭はるもと**』（190ページ）。知人に紹介して戴いて初訪問したのが2012年。様々な麺料理を堪能してきたが、その中で最も驚いたのがソース焼きそばだった。

特別な具材やソースを使ったわけではなく、ごく当たり前に作ったソース焼きそば。それが僕の魂を揺さぶるどころか鷲掴みにした。何とウマイのだろう。僕の身体の隅々まで全てが天の方向に光となって上っていくような感動だった。

ウマウマ王。王の中の王。

そして2020年、僕が焼きそば探究の旅をするにあたってこのお店に相談をしたところ、麺の提供を快諾してくださった。本当にありがとうございます。

新型コロナの影響でツアーに出られていないのでなかなか伺うことが叶わな

いけれど、こうして自宅でめん亭はるもとの麺で焼きそばを作れるシアワセを存分に満喫することとなった。

早速送ってもらった。麺が2タイプとソース。感謝。

意識されたのかどうなのか判らないが、麺の包み紙がこの感じであることの重要性や必然性、蓋然性安全性危険性夜行性をひしひしと感じた。

ロックンロール。

何と美しき麺。細めと中細との2タイプ。焼きそば云々ではなくこの麺をどう扱うかという難問に取り組むこととなった。僕のようなシロウトがこの偉大なる麺を前にして身が竦《すく》むような感覚に陥ったが、気を取り直して対峙しよう。

レッツゴー焼きそば。

試作No.001。まずは麺を茹でたりせずに焼いてみた。めん亭はるもとの麺で作った最初の焼きそば。焼きながら少しずつ水を足してほぐして、焼いてみた。ソースで味付けしただけ。

打ち粉をあまり払わなかったのでワイルドな焦げ目が付いたけれど、これは麺そのものの呼び声を聞いたような気がする。味わい深い。

No.001

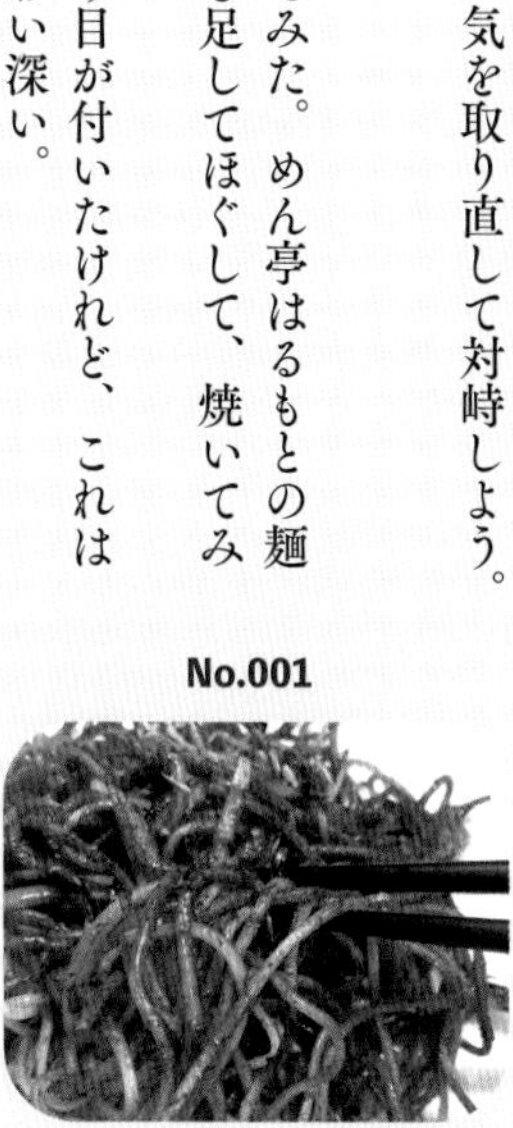

試作No.002。続いては麺を茹でて、それを焼きそばにした。はるもとの店主からオススメのあったオレガノをちょっと振ってある。

何だかスゴイ。麺に歓びがある。

炒め用の調味ラードも戴いていたのだがこれがマジックとかミラクルである。炒めただけなのにコクが深い。スバラシイ。それでもまだおっかなびっくり作っているので、もっとしっかりやってみよう。


試作No.003。ちゃんと具も加えてのソース焼きそば。どうだ。なかなかのルックスではあるまいか。自画自賛。

近所のスーパーで買った豚肉細切れとキャベツと共に。

麺の茹で具合などにまだ課題は残すものの、とてつもなく美味しく作ることが出来た。エッジがしっかりあって口当たりも歯応えも絶妙な麺。これに送ってもらった中京圏ではお馴染みのコーミソースが抜群に合うのだ。


贅沢至極。ウマウマウー。

焼きそば作りに耽溺する日々はまだ序の口。まだまだ行くのだ。

No.002

No.003

試作No.004。ソースを変えてみた。群馬県前橋市から送ってもらったミツビシソースを使って、炒め油も普通のサラダ油にしてみた。

コーミソースに比べてマイルド感あり。でもやはりコーミソースの方が合うかなこの麺には。何かスパイスがあればもっと距離感が縮まるか。

そんなことを考えているうちに食べ終えてしまう。


試作No.005。丁寧に王道のソース焼きそばへ。肉多めで。

茹でた麺を水で締めてみた。これで麺のコンディションがきゅっとぷるっとなった。これでどうだ。

僕が薄味好きなのもあって、お店で食べた濃厚ソースの感じとはまた違うのだけれど、このソース焼きそばはとてもウマく出来た。

最大限の自画自賛。よくやった小野瀬雅生。やれば出来るじゃないか。これと云うのもめん亭はるもとの麺のおかげです。ありがとうございました。


しかしこれで終わらないのが僕の旅だ。この続きはコチラにて。→

No.004

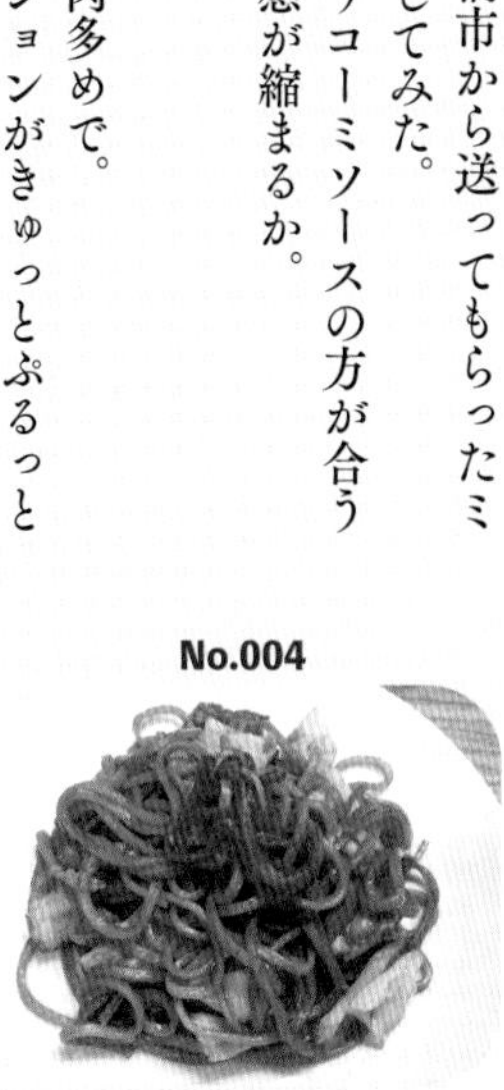

No.005

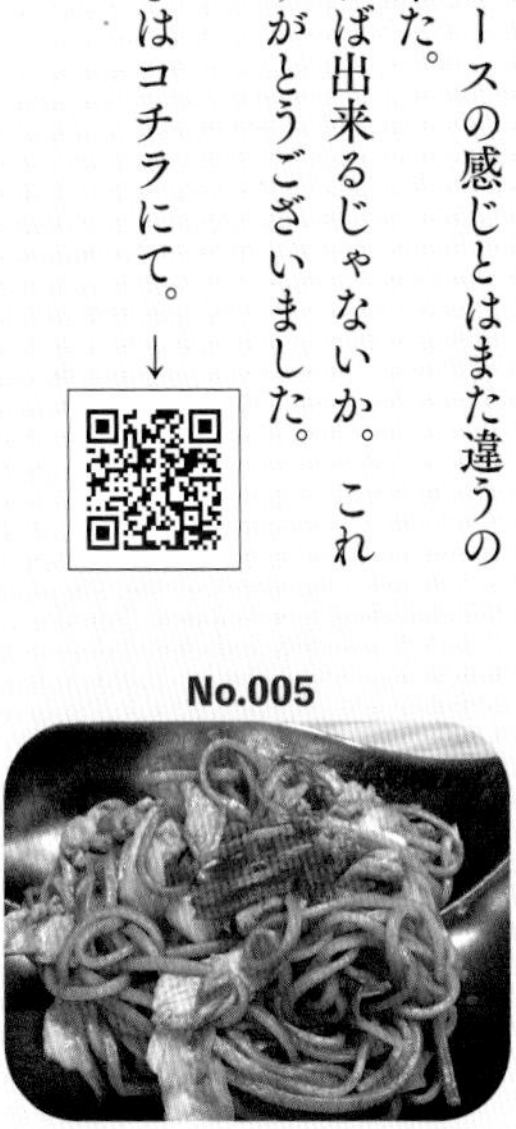

26 横浜中華街の『梅蘭 金閣』で梅蘭焼きそば

久しぶりに横浜中華街に参りました。

キンキュー何ちゃらの影響もあるのでしょうか、平日夜はかなりのお店が18時頃でもシャッターを下ろしておりました。

自分が子供の頃はまだメインの通りが舗装されていなくて、どのお店も夜20時くらいには閉店して街全体が暗くなって、バーとかのネオン看板が少しだけあったように記憶しています。

その頃のことをちょっと思い出して暫し感傷に耽っておりました、雨も降ってたし。


そんな中ワタシが目指したのは**『梅蘭 金閣』**。

あの焼きそばです。

あんなに有名なのに食べた記憶がありません。

食べたことあったっけかな。あったとしてもきっと20年以上前か。

それならちゃんと体験しておかねばなりますまい。

カモンレッツゴー。

梅蘭焼きそば！


このビジュアル、知っておられる方は多いかと思います。

1987年に梅蘭開店。

その後にこの看板メニューのヒットと共に全国展開するお店となりました。

両面をカリカリに焼き付けた中華麺をあんかけの具材に載せて溶き卵と共に包んで出来上がり。

サイズは普通と小がありまして、小にする理由も見つからなかったので普通に致しました。

あと具材や味付けのバリエーションもありますが今回はやはりオリジナルで。


本当に中にあんかけの具材が入っているのかワタシの話を信用しない方もおられるかも知れませんので中をご覧ください。

ほーら入っていた。

でしょー。

入っていたでしょー。

当たり前ですね失礼致しました。

豚肉・モヤシ・ニラ・タマネギをとろとろのあんと共に。

イタダキマス。


ウマウマウー！


何だかヒジョーに懐かしい味が致します。

子供の頃からよく知っている中華料理の味わい。

スタンダードでちょっと甘めの味付け。

その甘めが横浜っぽいなと思うのです。

東京の中華料理はもう少しスッキリさっぱりしている気がします。

横浜は何にしても甘いのですが、でも濃くはないのですよね、そこがどうにも横浜なんです。


パリパリの麺も楽しいしスイスイと食べ進んじゃいますが。

ふと思い立ってお酢を少しかけてみたらこれが意外とナイスアクセン

トになります。

ワタシの母親が外食だとあれにもこれにもお酢をどぼどぼかけていたのがヒジョーに気に食わなくてワタシはお酢をかけるなんて料理に失礼で以ての外だと主張していた人間ですが少量なら意外とイイもんだと最近少し宗旨替えしておりますすすみません。

そんなわけで余計なことも色々考えつつ完食大満足。


梅蘭焼きそばブラボー。


上位機種の焼きそばも食べてみたい。

またゆっくり伺います。

美味しかったです！　御馳走様でした！

梅蘭 金閣
神奈川県横浜市中区
山下町 151-13
11:30 〜 20:00
不定休

27 有楽町の『甘味おかめ 交通会館店』で焼きそば

キンキューなんちゃら中ですのでなかなか食べ歩き方面は進みません。
それでも何かのタイミングがあれば行くのです。
先日の午後は有楽町におりました。
狙いは10個くらいだったのですが9個はハズレ。
まあいいや。1個だけ当たりましたので。
有楽町駅前の交通会館地下にある『**甘味おかめ 交通会館店**』に参りました。
甘いモノではなくお食事方面。カモンレッツゴー。

焼きそば!

リストアップしてあった焼きそばのウチの一つです。
丸い銀皿とは珍しい。ルックス一目惚れですブラボー。
キャベツもモヤシもこの時点でたっぷり目視確認。

紅生姜がセンターでないところに品格を感じます。　イタダキマス。

ウマウマウー！

お肉は挽肉です。　とろみが全体的にあります。
このちょっとしたとろみが挽肉を麺と共にリフトアップしてくれます。
そしてちゃんとソース味であることがとても自然でアリとても不思議でもアリ。
優しいけれど穏やかだけど独自路線。　完成度高し。
気に入った絵の前でいつまでも眺めている感じ。
判りづらいですねすみません。
でもこの芸術は食べちゃうとなくなっちゃうんですよはっはっはっ。
ステキな焼きそばに出逢えました。　ブラボーブラボーブラボー。

いつかお雑煮も戴いてみたい。　甘味もモチロン。
またゆっくり伺います。
美味しかったです！　御馳走様でした！

甘味おかめ
交通会館店
東京都千代田区
有楽町 2-10-1
東京交通会館 B1F
月～金
11:00 ～ 20:00
土
11:00 ～ 19:00
日祝休

28 六本木の『珉珉』でランチの焼きそば・餃子セット

先日のお昼も六本木でミーティング。
ちょっと遅めのランチを六本木交差点近くの**『珉珉 六本木店』**にて。
メニューを見るとやはりアレがありました。
あるならオーダーするでしょう。
カモンレッツゴー。

焼きそば・餃子セット!

スープにサラダに杏仁豆腐まで付いてきます。
ほぼ完全食ですなはっはっはっ。

餃子は小ぶりな一口タイプ。
軽やかな食べ応え。
うまうまうー。

お酢だけか辣油も入れるかやはり醤油か。

ちょっとずつ試しているウチに全部食べちゃった。

研究心が足りないな。

反省します。

それにしてもああこれで何かお酒飲みたい。


餃子ブラボー。


焼きそばは夜のメニューでもやし焼きそばと云うのと同じだろうか。

確かにモヤシたっぷり。

それよりも白くて四角い断面の麺が横浜方面でよく見かけるタイプなのでその関係性はどうなっているのだろうかと想いを巡らせました。

実際どうなのだろう。

とにかくイタダキマス。


ウマウマウー！

塩味系なのもやはり横浜の『元祖ニュータンタンメン本舗』（61ページ）とか『龍味』とか『龍王』とか『第一亭』（93ページ）とかを想起させます。

でもそれぞれにちょっとずつ違うのがまた何とも素晴らしい。

そう云えば大阪のご当地焼きそば、今里焼きそばの『長谷川』（226ページ）もこう云う麺だったか。

横浜と大阪。

やっぱり何かありそうだ。

気に留めておきます。

そんなことを色々考えていたらもう食べ終えていました。

あっさりしているようで満足感大。


もやし焼きそばブラボー。


メニューにジンギスカン発見。

次回マスト。

また必ず伺います。

美味しかったです！　御馳走様でした！

珉珉 六本木店
東京都港区六本木
3-10-9 カジカワ誠
志堂ビル B1F
11:30 ～ 15:00
17:30 ～ 23:30
（土曜は 23:00 まで）
日祝休

29 大崎ニューシティの『謝朋殿』で五目焼きそば

好き嫌いが激しくてキライな食べ物ばかりだった子供時代。

でもそんな時期にもしっかりと自分なりのスキスキスーを作っていたわけです。

それを大人になってふとした機会に「ああこれだこれだ」と再確認する場面に遭遇致しました。

未知ではなく既知との遭遇。知っていたけど忘れてたヤツって感じね。

大崎ニューシティ2階にありますちょっと高級な中華料理店**『謝朋殿大崎ニューシティ店』**にて遭遇致しました。

カモンレッツゴー。


五目焼きそば！

自分が子供の頃にデパート最上階のレストラン街のちょっと高級な中華料理店で食べた五目焼きそばと特徴が大体合致します犯人はあなたで

すねふっふっふよく判ったな明智くん。

麺はやわらかい方です。

あんかけの下で待機しております。イタダキマス。


ウマウマウー！


これですよこの味です間違いありません。

醤油味で濃厚でちょっと甘めで、とろみと旨味がたっぷりとしていて。

子供の頃の外食の大御馳走。

味の濃いところばかり食べていると下の方の麺に味がなくてがっかりするのであんはしっかり最後まで行き渡るように計算しながら食べないといけません。

子供の頃は毎日が失敗ばかり。

あれをやってもダメ、これをやってもダメ。

うまくいったことなんて全然なかったけれど。

今食べてもとてもウマイと思える五目焼きそばをちゃんと発見していた。それでイイでしょよくやった。

五目焼きそばブラボー。ウマウマウー！

野菜嫌いでもこれは特別枠だったタケノコ。
人の皿のタケノコまで欲しいと表明するワガママ児童。
キクラゲも特別枠で戴いておりました。

緑黄色野菜が特にダメで白菜などは母親の担当。即時撤去を要請。
様々な段階を経て最後の最後のエビの出番が来る。
好きなモノを最後まで取っておく典型的なタイプです。
エビが何尾も入っていれば別ですが。
一つだけなら最後の最後に。
この日のむっちりとしたエビ、サイコーでサイキョーでした。

やったぜベイビー。ブラボーブラボー。

上位機種の海鮮焼きそばも食べてみたい。
またゆっくり伺います。美味しかったです！　御馳走様でした！

謝朋殿
大崎ニューシティ店
東京都品川区大崎
1-6-5 大崎ニューシティ 2F
月〜金
11:00 〜 15:00
17:00 〜 22:00
土日祝
11:30 〜 15:00
17:00 〜 21:00
無休

30 横浜関内の『紅花』で五目上海麺

先日のお昼は横浜関内駅周辺にて。

久しぶりに中華料理『**紅花**』へ伺いました。

昔はハマスタで野球観戦後にここで餃子とビールで反省会をしておりました。よく反省したなぁ。カモンレッツゴー。


五目上海麺！


五目炒め焼きそばであります。

カタイ方は五目硬炒麺であります。スープ付きであります。

エビとかないのかなと思いきや後に下の方から発掘されました。

ああ良かった。

イタダキマス。


ウマウマウー！

醤油味方面でしっかり炒められています。何だかスゴイ懐かしい感じ。

でもどう懐かしいかはウマく説明出来ないのです。

こってりしているようで意外とスイスイ食べられちゃう味わい。

麺の中細の感じも思い当たるようで当たらないようでとにかく好み。

具ではイカが思いのほかいっぱい入っていて食べ応えアリ。

エビも2尾いました。

でもしっかり炒められた白菜の貫禄勝ち。

アッと云う間に食べちゃった。カラシ天才。

五目上海麺ブラボー。スープもヒジョーに懐かしい。

ちょっと有り難いような味わい。


スープブラボー。


つるつるワンタンサンマーメンとかビーフカレーラーメンとか合わせ技ガッタイダー的魅力のある商品名多し。

でも今度はここで餃子を食べよう。

またゆっくり伺います。美味しかったです! 御馳走様でした!

紅花（べにはな）
神奈川県横浜市中区
尾上町 3-45
11:30 〜 23:30
不定休

31 横浜市西区戸部町の『金葉』で台湾のりビーフン

取材に乗じてちゃっかり焼きそばの旅も。
横浜の商店街のウマウマウーなお店を紹介するYouTube番組「小野瀬雅生と須藤祐のハピゴラ！で御座います」の取材撮影で伺った横浜市西区戸部町の台湾料理店『**金葉**』。

お店のオススメでもありますこちらのメニューを戴きました。
カモンレッツゴー。

台湾のりビーフン！

ビーフンは焼きそばジャンルなのかと訝る向きも御座いましょうが、何たってメニューの焼きそばのところに載っていたのですから焼きそばです。
それにしてもボリューム満点。イタダキマス。

ウマウマウー！

こりゃたまらん。
海苔の風味が最大限に発揮されて何ともエキゾチックな味わいに。
そしてビーフンの口当たりと食べ応えの素晴らしさ。
食事でもあり酒肴でもあり。どっちでもいけますぜ旦那。
ニラ天才。

台湾のりビーフンブラボー。

メンマは大きくてやわらかくて風味豊かでウマし。
メープルの香りがグンバツなクルミもチョーウマし。
今度改めてゆっくり楽しみに伺います。
美味しかったです！　御馳走様でした！

金葉
神奈川県横浜市西区
戸部町 5-200
月〜金
11:00 〜 15:00
17:00 〜 23:00
土日 11:00 〜 23:00
無休

32 西浅草の『花家』で焼そば（閉店）

少しずつですが自分が行ってみたいお店に行っております。
こちらは昨年（2020年）から行かねば行かねばと思っていたお店。
西浅草、東京メトロ銀座線の田原町駅からすぐの『**花家**』に伺いました。
1945年創業の老舗。
メニューは焼そばオンリー。カモンレッツゴー。

焼そば！

普通盛です。
青いチェックのテーブルクロスがとてもステキ。
とても遠いところに来ているような気がしました。
異世界感と云うか。
この感じ。
伝わるかな。

メニューは焼そば400円と焼そば大盛500円。
あとはドリンク数種類のみ。
イタダキマス。

ウマウマウー！

角のないソース味。さっぱりと薄味。
卓上のソースをかけ足しても良いけれど。
ワタシはそのままでオーケー。
フツーのど真ん中のフツー。ザ・焼そば。
語るストーリーはシンプル。ここにずっとある。
こうしてお目にかかれて光栄です。焼そばブラボー。

店頭のガラスケースの中にはおにぎりも。今度はそれも戴こう。
ビールと焼そばと云う贅沢も出来る。
しかしヒジョーに残念なことに2021年5月30日惜しまれつつ閉店。
美味しかったです！　御馳走様でした！

花家
東京都台東区西浅草
1-1-18
2021年5月30日閉店

33 六角橋の『はら』でたまご焼そば

ワタシが生まれた病院があった横浜市神奈川区の白楽・六角橋界隈。半世紀以上にわたって（何だか凄く大仰でイイな）濃密な関係にある街ですが、まだ初めて入るお店もあるんです。

それも焼きそばの旅の一環です。伺いましたのは喫茶甘味処『**はら**』。ワタシが若い頃からここにあったお店です。遂に御縁が出来ました。カモンレッツゴー。


たまご焼そば！


目玉焼そばではなくたまご焼そばです。そこがとても気に入りました。サラダも付いていてとてもフレンドリー。

もうこの時点でかなりシアワセデス。

たまごちょっと失敗しちゃったとマスター。全然平気です。

イタダキマス。

ウマウマウー！

フライパンではなく焼そば専用鉄板での調理。
焼そばに並々ならぬ思い入れを感じます。
味は薄味ながらワタシのセンターにドンズバ。
来ました。来ました。
ここにずっとあったであろうこの味。
今ようやく巡り逢えてこうしてここにドンズバ。
ありがとうございます。たまご焼そばブラボー。

やきそば愛に溢れております。

ふとどこか遠くに来たかのように思えるくらい静かな店内。
マスターが焼そばを焼く音が耳に心地好かったひととき。
焼そばのトッピング色々あります。
今度は全部載せの盛り合わせ焼そばを。
美味しかったです！　御馳走様でした！

はら
神奈川県横浜市神奈川区六角橋 1-10-11
11:30 〜 19:00
無休

自作焼きそば

熊本県熊本市『めん食』の3食入り焼そば

九州の3食入り焼そばが手に入ったので旅してみよう。熊本県熊本市に本社がある『**株式会社めん食**』。こちらの焼そば（ソース味）と塩焼そばだ。関東ではまずお目にかかれない焼きそば。それも2種類。たっぷり旅してみよう。ちなみにお値段はそれぞれ98円（税抜）とのこと。それだけでもまずはブラボーだ。まずはソース味方面。パッケージの焼そばのデカイ文字に覚悟と自信を感じる。麺と粉末ソース入り。製造は福岡県田川市のめん食福岡工場。

まず具はキャベツだけで作ってみた。麺の感じがストレートでちょっと珍しい。いつも通り、麺は袋に入ったまま電子レンジ500Wで30秒チンして、麺を流水で洗って、予め炒めてあったキャベツと合わせて炒めて、粉末ソースを投入し、混ぜて出来上がり。

心して戴くことにする。どんな味なのかワクワクする。こんな年齢になって焼きそばでワクワクするとは思わなかった。こうなったらもっと年齢を重ねて

も四六時中ワクワクすることに決めた。

ウマウマウー。

とにかくストレート麺の口当たりと食べ応えがとっても素敵だ。食べていて気持ちが上がること上がること。単純だな自分。粉末ソースの味は思ったよりもマイルドでこれまた心に響く。マイルドだけど物足りなくはない。

これならもっと具をたっぷりと入れても大丈夫であろう。そう思ったので豚肉をたっぷりと入れて次のを作ってみた。


キャベツと肉と。この後トッピングを賑やかに。

ほーら賑やか。「岩下の新生姜スライス」とナルトをトッピング。春っぽいような脳天気なようなルックスと相成った。この感じ、本当に自分の頭の中をよく表していると思う。見れば見る程にそう思う。去年の今頃はトッピングがなかったけれど、今はこれ。自分の機嫌は自分で取ろう。カモンレッツゴー。

ウマウマウー。

この麺、もっとしっかり焼いても美味しそうだ。めん食の3食入り焼そば。また入手したらやってみたい。これを入手するためだけに福岡空港に降り立つ、なんて以前ならやっていたな確実に。僕はそう云う人間です。

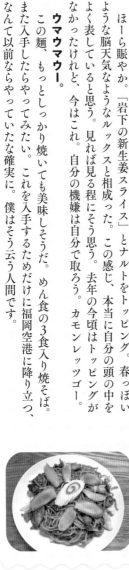

34 妙蓮寺の『れんじや』で中華麺の塩ヤキソバ

前述いたしましたYouTube番組「小野瀬雅生と須藤祐のハピゴラ！で御座います」の取材撮影で伺った妙蓮寺の**『れんじや』**にて。壁に貼りだしてあったメニューをふと見ると旅の誘いが。誘われたならば乗りましょう。カモンレッツゴー。

中華麺の塩ヤキソバ！

蒸し麺ではなくラーメンで使う麺を茹でてから炒めておられるとか。以前、博多の屋台で食べた焼ラーメンを思い出しました。でも麺の感じは博多とは大違い。ありそうでなさそうな独自路線。独自路線は応援したくなります。野菜もたっぷり。イタダキマス。

ウマウマウー!


汁なしとはまた違って、炒めが麺にもたらすテンションがイイ。

シンプルな塩味ながらパンチがあります。

そしてよく見ると具材がちゃんとこの店のフラッグシップメニュー「れんじやラーメン」と同じなんです。

細切りチャーシューとメンマが静かなる衝撃。

ありそうでない。こだわりの独自路線。

ボリュームも満点。これはステキなヤキソバです。


中華麺の塩ヤキソバブラボー。


れんじやラーメンはとんこつベースなれど重くなくてスッキリしたスープ(味見した)。

午後のゆっくり目の時間帯もお客さんが引きも切らず訪れておりました。ワタシもまたゆっくり伺います。

美味しかったです! 御馳走様でした!

れんじや
神奈川県横浜市港北区仲手原 2-45-16
11:30 ~ 14:15
17:30 ~ 24:00
月休

35 逗子市池子の『福来成』でまーぼ焼きそば

昨日の湘南ビーチFMの収録前に昼食。

懸案でした湘南ビーチFMの道を挟んだ向かいにあるお店。

逗子市池子の中華料理店『**福来成**』に参りました。

いつか行こうと思いつつようやくの訪問。

まあ焼きそばを食べようかなと軽く考えていたら。

思わぬ大ヒットに出逢いました。

カモンレッツゴー。


まーぼ焼きそば！


メニューにはあんかけ焼きそばと固焼きそばがあります。

でもこれは新しいメニューなのかテーブルのメニュースタンドにのみ書かれておりました。

麻婆と漢字では書きません。まーぼーと「ぼ」を伸ばしません。

もしかしたらこの表記は日本で唯一ここだけかも知れないと余計なことを考えてゾクゾクしたりしていたワタシはちょっとおかしいでしょうか。とにかくそれをお願いします。

まーぼ焼きそば！　その名に違わぬ潔いルックス。

たっぷりとやってきました。たっぷりです。イタダキマス。


ウマウマウー！


ちょっと焦げ目が付くくらいしっかり炒め焼きされた麺。

挽肉の旨味たっぷりのまーぼ。

しっかり絡み合って至福の味わい。大ヒットです。

「大当たりー」ってジングルの入るＡＭのラジオ番組何でしたっけ。

まーぼ焼きそばブラボー。

このスープがね、汁と玉子が半々なのではないかと云うくらい玉子が多いのね。

もう少し多いと茶碗蒸しになるんじゃないかと云うくらいの勢いがあるのね。

これをたっぷりと云わずして何と云う。たっぷりとウマイです。

ウマウマウー!


かなり多い麺の量もカバーするまーぼの量のたっぷりさ。

大食漢の方でしたら最後に小ライス投入も視野に入れてください。

そしてこのまーぼ。挽肉が細かく挽かれていて、中華と云うよりもタコミートを想起させる口当たり。

それをまたしっかりバラして調理しているのだなと感心した次第。

世の中、粗挽きが有り難がられているような気がしますが、この細かいタイプの良さと云うか懐かしさと云うか、それを思い出しました。

自分も挽肉を扱う時はしっかりバラそう。


ブラボーブラボー。


冷やし中華も始まっています。またゆっくり伺います。

美味しかったです! 御馳走様でした!

福来成（ふくせい）
神奈川県逗子市池子
1-8-15
11:30 〜 15:00
16:30 〜 20:30
木休

36 茅ヶ崎の『大龍』で大龍やきそば

タッチアンドゴー茅ヶ崎。

焼そばのために。

昨日、湘南ビーチＦＭの収録前に茅ヶ崎の中華料理店『**大龍**』に伺いました。

『4522敗の記憶 ホエールズ＆ベイスターズ 涙の球団史』や『気がつけばチェーン店ばかりでメシを食べている』などの著作でお馴染みの村瀬秀信さんのつぶやきを聞いて矢も楯もたまらずＪＲ東海道線茅ヶ崎駅南口に降り立つワタシでした。カモンレッツゴー。


大龍やきそば！


メニューにはもう一つソースやきそばもありますが今回はこちら一択。

ご覧の通り最大の特徴はタレがかかっていることです。

このタレを麺に絡めて食べるしきたり。

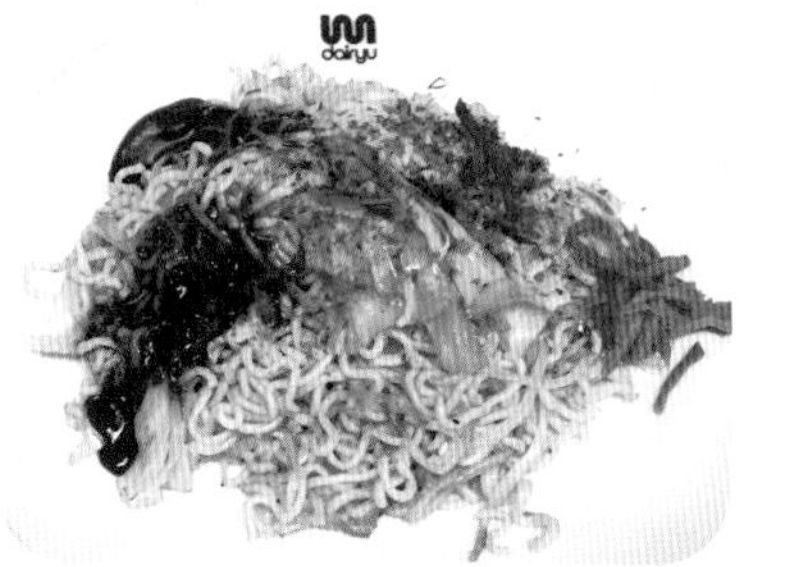

独特のルックス。

お目通り叶いました。

具はキャベツとモヤシ、他は確認しそびれましたすみません。

麺には殆ど味付けされていません。

「タレは足りなかったらかけ足しますから」

ご店主にお声がけ戴きました。

イタダキマス。


ウマウマウー！


タレはピリ辛よりももう少し辛い。

でも注目すべきは辛さよりも味の濃さです。

最初の方で無造作にたっぷり麺に絡めて食べたらあまりの塩《しょ》っぱさにビックリ。

味噌と云うか焼肉のタレと云うか得体の知れない濃い味わい。

これを付けすぎないように、そして最後に余ったり足りなくなったりしないようにペース配分。

途中何口かはベストな配分だったのではないかと自画自賛。

食べ終えた時はそれ程インパクトを覚えなかったのですが、翌日起きたらまた食べたくなっていたと云う超常現象的ロングディレイインパクトに見舞われました。こりゃハマるとヤバイヤツね。


大龍やきそばブラボー。


そしてこの大龍やきそば、元々は『大龍』がチェーン店展開をしており（現在、本部もないようです）、そこの看板メニューだった様子。

長野県の一部ではソウルフードとなっており「つけ焼きそば」として定着しているとの情報もあります。ああまた宿題が増えた。

裾野が広い。

そしてこちら茅ヶ崎の『大龍』は現在もラーメン300円（税込）です。


カツ丼もあるね。

また必ず伺います。

美味しかったです！　御馳走様でした！

大龍
神奈川県茅ヶ崎市
幸町1-9
月火木金
11:15～14:30L.O.
17:15～23:00L.O.
土日祝
11:15～22:00L.O.
水休

37

横浜橋の『酔来軒』で焼きソバ

ワタシが東日本で最も敬愛する天丼屋『豊野丼』があることで有名な（わけはないが）横浜市南区の横浜橋商店街。

この商店街の一方の端に『豊野丼』があって、もう一方の端には中華料理店『**酔来軒**』があります。こちらもワタシの敬愛するお店の一つ。随分と長く伺っている割には焼きそばを食べたことがないなと気が付いて、焼きそばを食べに行って来ました。

カモンレッツゴー。

焼きソバ！

焼きそばの表記には色々とあって「焼き」なのか「焼」なのか、平仮名なのかカタカナなのかと、そうした表記のバリエーションに出逢うのも焼きそばの旅の小さな歓びであるのですが、こちらは混在系。

たまにありますね混在系。

炒めたヤワラカイ麺にあんかけの具が載るスタイル。

ちょっと伺ったら横浜名物サンマーメンのこちらのお店バージョンの具が載っているとのこと。

横浜で生まれ育ったワタシでもサンマーメンが名物だと云うのはあまり意識がないところでして、確かにサンマーメンと云うのは横浜界隈にしかない（名称も内容も）と日本全国あちこちへ旅してみて判った程度で、これぞ地元の味と云う感じはあまりしないのでして。

基本的にモヤシあんかけが載っている中華そばで、お店によってストイックに本当にモヤシだけのところもあれば、こちらのようにモヤシメインではあるけれど五目まで行かなくとも具材が色々入っているところもあるわけで。そんなサンマーメン論はどうでもイイですね。失礼しました。イタダキマス。

ウマウマウー。

サンマーメンが横浜の味かどうかは置いといて、このあんかけの味わいはちょっと甘めで懐かしい感じ。その甘めこそが横浜の味だと思いま

す。炒めた細麺とあんかけがよく馴染んで、その味わいが心の底まで沁みてくる。

ワタシは普段あまりカラシを使わないのだけれど、この『酔来軒』を含めて数件の横浜の中華料理店ではカラシを頻用するんです。なぜだか自分でも判りませんが、この焼きソバにもカラシはナイスマッチ。是非カラシと一緒に食べて戴きたい。

思い出したのですが、北海道は帯広の中華料理店『聚楽』で「ションマーメン」なるメニューを発見し、戴いてみたところ横浜のサンマーメンとの類似点がたくさんあったのです。

これはいつかお店の方にお話を聞いて詳しく調べてみたいと思っていたらその帯広の『聚楽』は2019年に閉店。叶わぬ夢となってしまいました。

でもきっとどこかでまたモヤシとあんかけの関係性について行き当たることもあるだろう。横浜の焼きそばから日本全国への思いを馳せる。そんなひとときを過ごしました。

『酔来軒』の焼きソバブラボー。

『酔来軒』には酔来丼と云う名物があります。

安くてウマイとテレビなどで紹介されてちょっと有名になりました。

でもワタシが敬愛するのはこの焼豚丼。

以前はチャーシュー丼とメニュー表記されていたのでそっちの名前で呼んでいます。チャーシューとご飯とネギとモヤシだけ。それをストイックにカラシと胡麻油と醤油で戴くシンプルイズザベストの逸品。

更に上位機種のスペシャル酔来丼ってのもあります。

とにかくワタシはここのチャーシューがスキスキスキスー。

すみません焼きそばの話から逸れましたが、

ウマウマウー！


随分長く通っているのに焼きそばを食べるのも初めてでしたし、まだ食べたことのないメニューもいっぱいあります。

またゆっくり伺います。

美味しかったです！　御馳走様でした！

酔来軒
神奈川県横浜市南区
真金町 1-1
11:00 ～ 21:00
月火休

38 木更津の『木更津焼きそば』でソース焼きそばとクリーム焼きそば

千葉県木更津市に行って参りました。2021年夏、マスクをして歩くのが心底難儀に思えた猛暑の7月某日。

木更津と云えば氣志團。随分と前に大阪のイベントでクレイジーケンバンドと共演。2016年にはクレイジーケンバンドは氣志團万博に出演(会場はお隣の袖ケ浦市)。東京湾を挟んだ横浜と木更津で長い御縁が続いております。でも普段は木更津に行く用事はありません。


そもそも木更津にどうやって行くのだろう。車なら東京湾アクアラインで行けるのだけどワタシは運転免許がありません。電車ならJR横須賀線で千葉まで行って、内房線に乗り換えか。東京駅から君津行き直通快速もあるのだな。にゃるほろ。

そんなワタシに木更津に行く用事が出来たのです。とても風変わりな焼きそば店があるとの情報をゲット。ちょっとした小旅行気分で木更津

へ。カモンレッツゴー。

そんなわけで木更津に到着。駅から歩いて数分のところに目的地がある。暑いけれどがんばって行ってみよう。

呆気なく到着。お風呂屋さんだ。正確には廃業したお風呂屋さんをそのまま居抜きで使っておられるのです。店名は『**木更津焼きそば**』。

何とストレートなネーミング。その潔さに惹かれたのもあります。


何とも風情のある外観。

ちょっと入りにくいと云えば入りにくい。

でも意を決して入ってみました。

そんなに大袈裟じゃなくていいか。

お邪魔します。

玄関を入ってこの札が出ていたら営業中。↓↓↓↓↓

靴はちゃんと下駄箱に入れて、中に入っているサンダルに履き替えましょう。営業は男湯の方でやっておられます。
高い天井と広々とした空間。ああ何てところに来ちゃったんだろう。

日本にはこうした面白い体験の出来る場所がまだまだいっぱいあるはずだ。これからも元気にあちこちへふらふらと出歩こうと心に決めた木更津でのお昼。

元々ここは人参湯と云うお風呂屋さんだったようです。

営業していた頃の名残があちこちに色濃く残っています。

ご店主に許可を得て女湯の方にも入ってみました。

女湯なんてなかなか立ち入れないですからね。

良い経験になりました。

女湯。女湯。

大事なことなので二度申し上げました。

大きな鉄板のある屋台的な調理場があって、ここでご店主に焼きそばを注文。メニューをみると焼きそばメニューが大変に多い。その数20種類以上。ここは焼きそばパラダイスなのか。ヒジョーに素晴らしい。まずは一番シンプルなところから攻めてみたい。よろしくお願いします。

ソース焼きそば、あっさりウスター味、（豚）ばら肉と目玉焼きトッピング追加！

このルックスを一瞥しただけで、ああ来て良かったと思いました。焼きそばと空間。何か、曲のタイトルになりそうです。イタダキマス。

ウマウマウー。

ワタシの好みのど真ん中にドンズバ。ヒジョーにウマイ。ソースの加減も麺の口当たりから食べ応えまでいきなりヒット連発で初回大量得点。この焼きそばに出逢えて本当にシアワセデス。

余計なことを考えずにウマイウマイと食べ進んでアッと云う間にカンプウガチ。天かすが入っているのが特徴的。いややはり麺が独特だ。

この麺は何だろう。ご店主に伺ってみました。

この焼きそば麺は「赤城の中華麺」と云う乾麺を家で茹でてお店に持ってきて使用されているとのこと。独特の食感とその味わいの良さに感銘を受けました。ブラボーブラボー。

ついこの数日前までは富士宮やきそばの麺に自分の全てを捧げるような覚悟を決めていたのだけれど、その目論見はこの麺で霧消。

この麺をもっと味わいたい。それならばもう一つ焼きそばをオーダーしよう。

メニューを再読し、どうしても気になったのをお願いしました。

クリーム焼きそば！

何がどうクリームなのかが気になって気になってのオーダー。

新潟『みかづき』のホワイトイタリアンのようにソース焼きそばにホワイトソースがかかっているのかとか予想しましたが、全く違うアプローチ。地元の学生さん達とメニューの話をしていた時に、コーンクリームのカップスープ粉末を使ってみたらと云うアイディアが出て、作ってみたらこうしてメニューに記載される運びとなったとのことです。

フレキシブルとはこう云うことを指すのですね。

ウマウマウー。

そのものズバリ、コーンクリーム味です。汁気たっぷりなのでシャツにスープが飛ぶの要注意。スルスルと食べられてとても現代的な味わい。このショートとセカンドとセンターの中間地点に落ちるポテンヒットのようなメニューに逢えたのも収穫。麺のポテンシャルにも感心。

ブラボー。

それはそうと浴場の方には楽器やらアンプやらがいっぱい置いてあってこれまたパラダイスの様相。
なんてこった。こんな場所に巡り逢えるとは。

ギターもベースもエレピもある。木琴とかもありました。
エーストーンはともかく、トムソンのアンプなんて初めて見たかも知れない。音、出るのかな。今度来たら試させてもらおう。
そんなわけで必ずまた伺います。

美味しかったです！　御馳走様でした！

木更津焼きそば
千葉県木更津市中央
3-4-39 人参湯
11:00～14:00
16:00～22:00
日休

神奈川県横浜市『株式会社丸紀』製 横浜ナポリタン焼そば

横浜市港北区にある製麺メーカー**『株式会社丸紀』**が製造している横浜ナポリタン焼そば。一時期ちょっとニュースになったので食べてみたいと思い、横浜市内のスーパーなどあちこちを探し回ったのだけれど全然見つからなかった。あまりにも見つからないので丸紀さんに直接メールをして販売しているお店を教えてもらってようやく入手。

僕が入手したのは港北ニュータウンにあるショッピングセンター「港北みなも」内にあるダイエー港北みなも店。これをダイエーの陳列棚で発見した時の僕の感動はご想像に難くないはず。ガッツポーズ出た。端から見たら明らかに不審人物と思われたに違いない。入手したからには早速作ってみることにする。

2食入りでソース付き。間違いなくナポリタン。ソースは粉末。

麺を油で炒めて少量の水を加えてほぐしたら麗しの粉末ソース投入。

まずは具は何も入れずに麺と粉末ソースだけで味わってみる。味見と云うわ

けでもなく、僕はこちらの方が好きだ。見た目は素っ気ないけれど、麺もソースの味もちゃんと味わえる。それではイタダキマス。

これはちゃんと焼きそばだと思う。麺が四角い。四角ければ焼きそばなのかと問われるとどうなのかとは思うが、明らかにスパゲティとは違う麺で味わうナポリタン系の面白さ。横浜市港北区で生まれ育った僕としては港北区発信の横浜ナポリタン焼そばを心から応援したいと思う。

麺がとっても美味しい。口当たり歯応え共に満足。断面が四角い麺に関してはまた別に語ることもあると思う。書きながらそう思った。麺の断面が四角。キーワード。粉末ソースとの相性もとても良い。**ウマウマウー**。

具入りバージョンも作ってみた。パッケージの絵にあるようにタマネギ・ピーマン・ウインナー・マッシュルームを入れた。

マッシュルームは入れすぎか。でも大好物だから良しとする。

ちゃんとナポリタンであり焼きそばでもある。麺がスパゲティでないと云うのは厳然と判る。とても美味しい。**ウマウマウー**。マッシュルーム過剰投入も個人的にはアリ。イイじゃないか横浜ナポリタン焼そば。これはまた作る。取扱店が増えることを心から願う。是非皆さんも見つけたら試してみてください。

焼きそばの果てしなき旅

地方都市の店

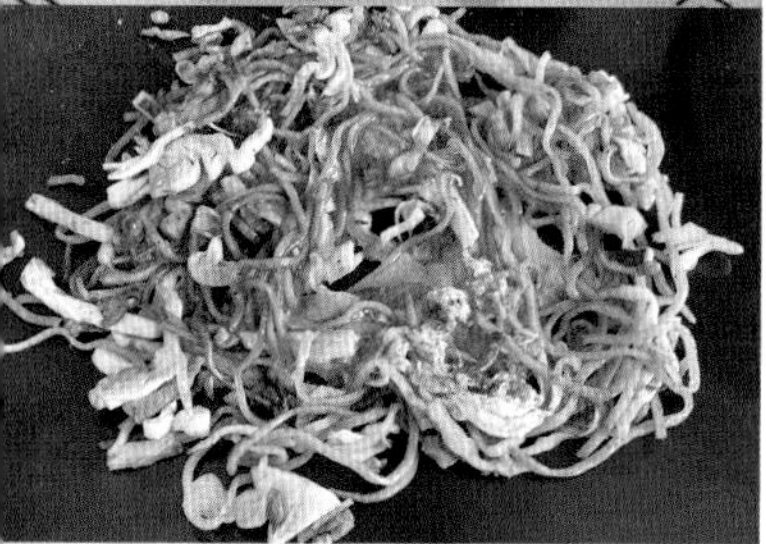

01 京都へ焼きそばの旅『野口商店』『PACK』

2021年4月、京都に数日間行って参りました。緊急事態何とかとかまん延防止何とかが幽霊のように出たり消えたりしていた中で、大きめの移動をするのは少し憚られたが、用事を限定して行くことに決めた。それでも少しだけ焼きそばの探索も付け加えたかったのでそこはお許し願いたい。あまりうろうろとほっつき歩けないので、事前にネットなどで情報を収集してターゲットをタイトに絞った。

そんな情報群の中でワタシのアンテナに最大の電波を送っていたお店がある。阪急西院駅近くの**『野口商店』**だ。もうお店の外観からしてワタシのドンズバ。こうしたドンズバの出逢いが年に1度か2度はある。大概が古くからやっているお店だ。そして大概のそうしたお店は入るのに勇気が要る。今回もかなりハードルは高い。でも行ってみよう。

かなりご高齢のご主人が一人で営業されていた。午後の遅い時間だか

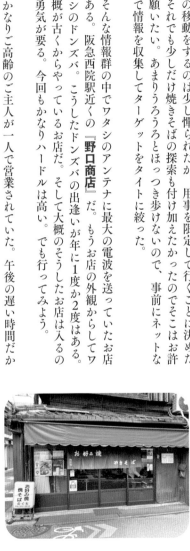

ら他に働いている人が休憩中なのではと思ったがどうやらそうではないらしい。初めてのお店でのメニューは、一番シンプルなのにするか一番ゴージャスなのにするか、大体どちらかになる。

今回は一番ゴージャスなミックスにした。内容はイカ、豚肉、牛肉。豚と牛が同居しているのをどうしても見たかったのだ。

缶チューハイを飲みながら焼きそばが焼けるのを待つ。氷ナシ。今回はご店主が出してくれたが、本当は自分で冷蔵庫から出して飲むようだ。次回からそうする。

焼そばミックス！

鉄板のあるテーブルだが、焼きそばは店内奥の大きな鉄板で作られてお皿に載って出て来た。玉子の黄身は潰されていて目玉状態ではない。麺が左側、具が右側に偏っている。何とも云えぬこの佇まい。統制が取れているようでそうでもないルックス。ワタシの頭の中にはさら小僧やぬらりひょんと云ったワードが突然行き交うようになる。こうした妖気溢れるものに出逢うとどうしてこうも心が高揚して魂が震えるのだろう。

『ゲゲゲの鬼太郎』を読んで育ったからか。「苦戦だったなぁ」「人生はどこまでも苦戦だよ」と、ねずみ男と鬼太郎が歩き去って行くシーンが目に浮かぶ。それはどうでもいいか。『天才バカボン』も好きです。
とにかく食べないと実力は判らない。イタダキマス。

ウマウマウー！

味は濃くない。ごてごてしていない。甘さも控え目でスッキリとした味付けだ。余計な味がしない。ワタシはこの過剰さがない感じを常に求めている。残念ながら過剰さがないものは料理でも音楽でもどんどん失われていっている気がする。この焼きそばをワタシはとっても気に入った。出逢えて本当に嬉しい。ブラボー。

昭和23年（1948年）創業と云うことは今年で73周年。京都ではそれほど歴史あるお店とは呼べないのだろうが（創業300年、400年のお店がありますものね）、でも焼きそばジャンルでは最古参なのではないかと思う。また伺います。美味しかったです！　御馳走様でした！

野口商店
京都府京都市右京区
西院西三蔵町24 1F
11:30～21:00
不定休

〈再訪問〉『PACK』と再び『野口商店』

野口商店のすぐそばに『**焼きそばとハイボール PACK**』と云うお店を見つけた。ここは隠れた焼きそば濃厚密集地帯なのではないかと考え、翌日に訪れてみた。

昼は焼きそばランチがあって、ソースと塩ダレと週替わりの焼きそば、大盛ダブルやトッピングも選べる。豚キムチ焼きそばと云うのにとても心惹かれたのだが、初訪問と云うことでやはりここはソースにする。目玉焼きもトッピングしよう。

ソース焼きそばの焼きそばランチA!

青ネギがたっぷりかかっているところに関西を感じる。飲み物はハイボールにしたいところだったがその後の予定もあってお水でご勘弁を。目玉焼きの出来映えが美しい。イタダキマス。

ウマウマウマウー!

焼きそばとハイボールPACK
京都府京都市右京区
西院西三蔵町 24-2
12:00 ～ 24:00
不定休

麺はもちもちの中太麺。この感覚は今日的。ニュースタイル。ソースは甘すぎず辛すぎずでバランス良し。鉄鍋入りと云うあたりも現在の時流に即した感じがある。この感じが定着して文化にまで昇華するにはどれくらいの年月がかかるのだろうか。現在と未来を、ハイボールを飲みながらゆっくり考えてみたい。

また必ず伺います。美味しかったです！　御馳走様でした！

ちょっと『野口商店』の前まで行ったら営業していた。それならば寄らない手はない。二度目の訪問を果たそう。

焼そばミックス！

前日と同じものをオーダーした。気に入ったら二度食べるのがワタシの習性。最初の訪問の時は、皿を鉄板に置かずに鉄板の縁の部分に置いて食べたが、この日はご店主が鉄板の上に皿を置いたのでこれで良いのだと確信した。お好み焼きはこの鉄板の上に置かれるようだ。なるほど。少しずつ色々なことが判ってくるのはとても心地好い。

前日よりも玉子の収まりが良い。イタダキマス。

ウマウマウー！

スッキリしたソースの味わいはやはりワタシの好み。麺のくっとした口当たりと歯応えもとてもスバラシイ。炒められた青ネギが天才的。牛肉も豚肉も当然のように両立している。イカもがんばっている。

でもやっぱり麺だ。麺とソースのマッチングの妙がワタシの心の奥底にまで響いてくる。少しの揺らぎもない水面に水が一滴落ちてキレイに波紋が広がるように、静かに確実に響く。

量は少なめなので大盛でも楽勝だとは思うが、この昔ながらのサイズ感も味わいの一つ。この味をもっと心に刻みたい。

京都を訪れる頻度が増えるかも知れない。ミックス焼そばブラボー。

またゆっくり伺います。美味しかったです！　御馳走様でした！

ワタシの京都での焼きそばの小さな旅、今回はここまで。

焼きそばの果てしなき旅はまだまだ続きます。

02 茨城県筑西市の『中山屋』で焼きそば400円

茨城県筑西市の「安齋肇えとえの絵本展〜ハロルドコミックス危機一髪〜」@しもだて美術館にふたたび行って参りました。

安齋先生とはお会い出来なかったのですが、メールで近隣のウマイモノ情報を戴きました。

その筆頭がしもだて美術館から歩いて5分ほどのところに御座います『**中山屋**』と云うお店。

焼きそば専門店です。


現在小野瀬雅生焼きそばの果てしなき旅に出ております。

縁は異なもの味なもの。

渡りに船。

色気より食い気。

シンクロニシティ。

カモンレッツゴー。

焼きそば、400円！

何で名前に値段が付いているのかと申せば、こちらはメニューは焼きそばのみ。

選択するのは量。

一番小さな300円（これでもしっかり一人前ある）。

そこから100円刻みでいくらでも大きな焼きそばを出してもらえるシステムです。

500円まではどのくらいの量になるか実際に見せてもらいましたが、それ以上はどうなるのでしょう。

1000円なんて無理でしょうと思ったら、月に一度くらいは出るとお店の方の証言。

いつか誰かチャレンジャーと一緒に来てみたい。

自分も10年前だったらチャレンジしたかも知れない。

でも論点はクオンティティーではないのです。

この焼きそばのクオリティーです。

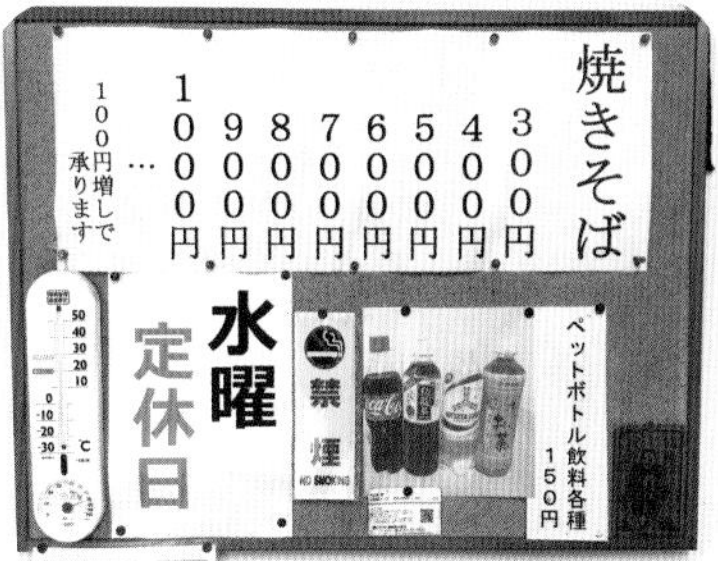

ウマウマウー!


具は何とキャベツのみ。

追加トッピングもありません。

ソースで味付けした麺を食べるのみ。

シンプルにして完全体。

乾麺を蒸してある独特の製法。

低加水なれどパサついていたりはしない。

しっかりした食べ応え。

ここのところ焼きそばラボ状態のワタシに明確な指針を与えてくれる焼きそばに出逢いました。

ありがとうございます。


ウマウマウー!


薄味なれど飽きることはない。

卓上には青海苔など。

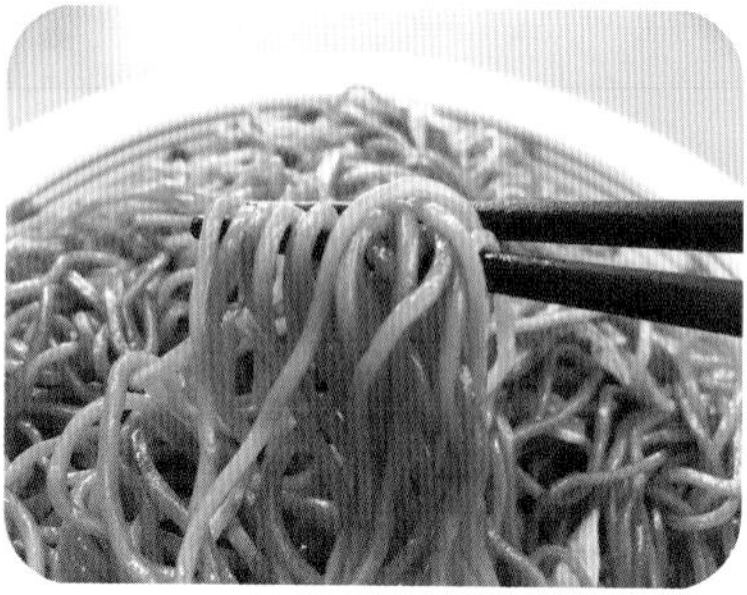

意外なマッチングが七味唐辛子。
追加ソースもありますが断然七味唐辛子推し。
ワタシはこの焼きそばが好き。
スキスキスー。
ダイスキデス。
いきなり恋に落ちました。

焼きそばブラボー。

「やきそば」の暖簾がサイコー。
麺とソースのお持ち帰りもありましたので当然ゲット。
クール便での宅配も可能ですが。
ワタシはココへ来てまた食べなければなりません。
下館（注／2005年に合併で筑西市に）に来る用事が出来ました。
ですのでまた必ず伺います。

美味しかったです！　御馳走様でした！

中山屋
茨城県筑西市下中山
727-1
10:30 〜 18:30
水休

03 名古屋の『おやつ饅頭』でデラックス焼そばとおぞうにとおやつ饅頭

タイトルだけ見ると何が何やら判らないと思われましょうが説明しよう。

2020年2月7日、マサオとシンヤ@名古屋 Live & Dining Breath のリハーサル後、本番までの間に腹拵《はらごしら》えをと云うことになり、某ラーメン店に17時に行ってみると営業は17時30分からとのこと。

ありゃーどうしましょうとなりましたがふとそのお店の斜め後ろを振り返るとそこにその店が。

その店の前を通る度に気になって気になって既に5～6年経過しておりました。

そして遂に入店叶ったのです。

うぉーやったぜー。

その店の名は『**おやつ饅頭**』と申します。店構えがもう小野瀬雅生を

積極的に呼び込んでいるとしか思えない風情。
そして店の前には「ぞうに焼そば」と書かれた黄色い看板。
もう兎にも角にもカモンレッツゴー。

デラックス焼そば！

肉、イカ、玉子の3種揃い踏みでデラックス。
ああ横浜にあった『磯村屋』（19ページ）を彷彿とさせるそのシステム。
お値段もやはりその価格帯。
ここに来てこの焼そばを食べろ。
神様に導かれたと信じます。
サンクゴッドアイムハッピーマン。
この美しきルックス。
玉子は見事に半熟とろとろです。
イタダキマス。

ウマウマウー！

素朴で優しくて昔ながらの味。

パンチもキックもビームもないけれど。ひたすらに優しい。

ワタシの味覚や感覚や思い込みの全てを軌道修正されるよう。

ここにあったのか。

小野瀬雅生大感激。

デラックス焼そばブラボー。


おぞうに！


明けましておめでとうございます。

これこそがワタシのドンズバ。お逢い出来て光栄です。


具はカマボコとシイタケとほうれん草。

この辺りではお雑煮のお餅を焼かずにそのまま入れてドロドロになっちゃうまで煮るのが昔流なんだそうです。

お店で出すバージョンは焼き餅であります。

イタダキマス。

ウマウマウー！


ぎゃー。

まず醤油味でしっかり味付けで、だしがビシッと折り目正しい汁がドンドンドンのドンズバ。

小野瀬雅生大感激2。

もう全てをかなぐり捨ててこの味わいに浸っていたい。

初めて逢ったのにずっとずっと一緒だったような気がする。

スキスキスー。

もう離れられない。

お餅二つなんてアッと云う間にペロリゴン。食べ終わるのが惜しくて最後に残った汁を少しずつ少しずつ飲みました。

決定（↑何をだ）。

おぞうにブラボー。


ワタシの心をずっと掴んで放さなかったこの看板。

遂にお近づきになれました。

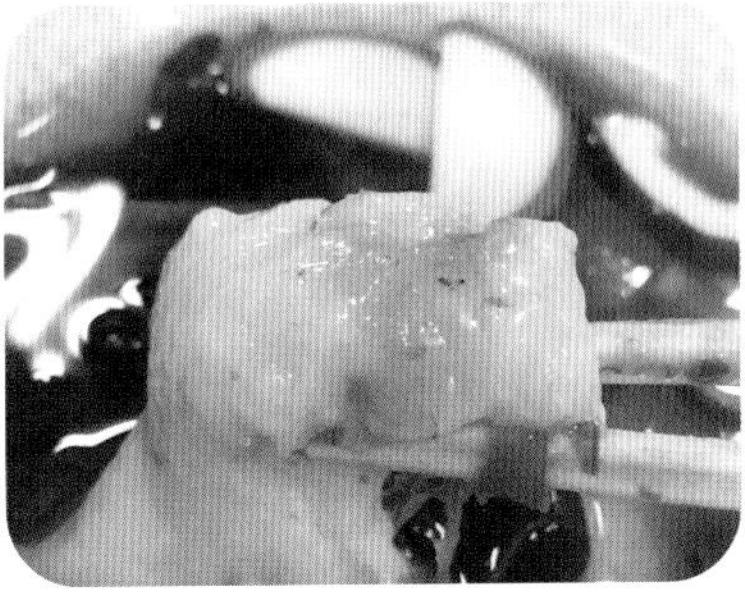

ヒジョーにウレシイデス。

おやつ饅頭！
おやつ饅頭！

曲が出来ました。
よく見ると店頭で靴下も売っています。
サイコーでサイキョー。

おやつ饅頭！
店頭で焼いて売っております。
小ぶりな大判焼きと云う感じ。
小豆と栗餡を戴きました。

ウマウマウー！

すんげーウマイ。これまたドンズバよ。

小野瀬雅生完全に首ったけ。
こんなにシアワセで良いのでしょうか。
良いんです。

おやつ饅頭ブラボー。

ご店主とちょっとお話をさせて戴いたところクレイジーケンバンドご存じであら嬉し。
この場所で72年ほど営業されているとのこと。
そしてこの店舗の前から数えるともう何年か判らないとまで。
巡り逢いに感謝。

ワタシは必ずここにまた来ます。
そんなに遠くない時期に。
またよろしくお願い致します。
美味しかったです！　御馳走様でした！

おやつ饅頭
愛知県名古屋市
中村区太閤通 5-1
11:30～18:30
水日祝休

04 沖縄那覇空港の『空港食堂』でケチャップ味焼きソバ

2014年のCKB沖縄ディナーショウの翌日。
沖縄そばとタコライスにほぼ1日を費やしまして。
那覇空港に到着。フライトまでまだ時間があります。
それならばと空港の1階端っこにあります『**空港食堂**』へ。
沖縄料理が手軽に食べられるお店です。
空港の職員さん達も利用されております。
この3日間で食べてなかったのは、焼きそば。
沖縄そばの麺の焼きそばです。
ここでそのミッションも遂行致します。

ケチャップ味焼きソバ！

焼きソバを頼むと醤油味かソース味かと訊かれます。
ケチャップ味でと云うと作ってくれます（注／できない場合もアリ）。

以前沖縄に来た時に、他のお店でケチャップ味の焼きそばを初体験しました。
そのケチャップ味と云うのもショックでしたが。
沖縄そばの麺自体の魅力にゾッコンになりました。
この麺は、何とウマイのだろう。
パスタにも負けず劣らずの感動があると思うのです。
実際、生パスタってこの沖縄そばの麺みたいな形状じゃないですか。
生パスタってどうしても物足りなく感じちゃって。
それだったら沖縄そばの麺の勝ちだっていつも思うのです。
すみません長々と。

具はキャベツにタマネギにネギに肉。
あと何か入ってたっけか。
とにかく焼きそばの具。
ケチャップ味にしたからと云って具の変更はありません。

ウマウマウー！

ボリュームたっぷり。

とっても安らぐ味。

何かスゴイ特徴はと問われると「ケチャップ味ですー」と答えるくらいしか出来ませんが。

ケチャップたっぷりで、ぽったりとした仕上がりにほのぼのします。

ほのぼの。

ほのぼの。

あけぼの。

ゆーつーのぼの。

Buono。

ぼーの。

てへぺろ。


ここ『空港食堂』のタコライスが美味しいと聞いたのは後々の事で。

今年(2015年)になってもう一度沖縄に行った時は巡り会えず(早朝だったため)、今後の最重要課題と致します。

美味しかったです！　御馳走様でした！

空港食堂
沖縄県那覇市鏡水150 那覇空港ビルディング1F
9:00～20:00
無休

05 鹿児島の『山形屋食堂』で焼きそばを久しぶりに戴く

２０１７年11月11日、クレイジーケンバンド@トークネットホール仙台の翌日、仙台から鹿児島への移動日。

鹿児島に到着してまず食べようと思っていたのが、天文館の老舗百貨店山形屋にありますお好み大食堂的『**山形屋食堂**』の名物メニュー。

以前こちら『山形屋ファミリーレストラン』って名称じゃなかったのかしらん5年ほど前に来たんですがリニューアルしたのかなあああどうやらそうみたいです２０１５年7月にそうなったのねちなみに鹿児島空港にあるのは『山形屋食堂エアポート店』でイイみたいですよ句読点なくてごめんなさい。

6階の催事場では北海道物産展やっていてスゴイ人出でしたが7階の食堂も行列出来ていました夕方18時くらいのことですモチロン並びましたお客様何名様ですか見れば判るだろう一人だよ奥の方のテーブル席にご案内。

名物にウマイモノナシとよく云われますがそんなことありません。
ウマイモノ、アリマス。

焼きそば!

野菜たっぷりのあんかけのかた焼きそばです。
これが昭和33年に発売して以来の大ヒット商品。
現在でも定番中の定番、名物中の名物であります。
周囲を見回すと殆どのお客さんがこの焼きそばを食べておられました。
ドリアを食べていた奥様もいらっしゃいましたけどねほっほっほ。
鹿児島の皆さんのソウルフード。
ここで食べるのは5年ぶり。
ご無沙汰しておりました。

あんの具はキャベツ、玉ねぎ、ニンジン、シイタケ、豚肉、イカ、かまぼこなど。
ピンク色のカマボコがキュートでたまりませんわん。

ツアー中の野菜不足もこれでかなり補えそうです。

イタダキマス。


ウマウマウーー！


ボリュームはたっぷりですがスイスイ食べられちゃいます。

麺が固いうちにパリパリと食べるのもイイですが、あんの下でちょっと蒸らしてやわらかくなったのを食べるのが好きです。

だから序盤戦あまりスピードを上げずにゆっくり行きたいものです。

でもねー。

食べ出すと箸が止まらなくなると云うのはまさにこのことで。

どんどんどんどん食べちゃうのです。

ここでアクセントに三杯酢をかけてみると更にさっぱりとして食べるスピードを上げるんだスピードを上げるんだ流れる涙なんかぶっ飛ばすんだ泣かないけどねーウマイからねー今回はこんな文章ばかりですみません。

下の写真がオシャレになった三杯酢の容器です。

もう何度も書いておりますが、ワタシが子供の頃、母親が焼きそばだろうが五目そばだろうがとにかくお酢をドボドボとかけて食べているのを苦々しく思ったのを思い出します。

何でそんなにお酢をかけちゃうの。

そのせいもあってあまりお酢とか使わないニンゲンに育ちましたが、この三杯酢はイイ感じ。

焼きそばのイイトコロをウマく引き出してくれる穏やかな酸味。

大満足しました。


焼きそばブラボー。


昭和7年の食堂の写真です。

歴史があるって素晴らしいことだなとホントに思います。

これからもずっとずっと歴史を重ねてください。


また必ず伺います。美味しかったです！　御馳走様でした！

山形屋食堂
鹿児島県鹿児島市
金生町 3-1
山形屋 1 号館 7F
10:00 ～ 19:00L.O.
不定休（山形屋の休業日に準ずる）

06

鹿児島空港の『山形屋食堂エアポート店』で山形屋焼きそば

2017年11月13日、クレイジーケンバンド@鹿児島市民文化ホール第2の翌日。

お昼前に鹿児島空港に到着、お昼過ぎに飛行機で羽田までフライト。空港で食べるのはやっぱりこれにしよう。鹿児島空港内の『**山形屋食堂エアポート店**』に参りました。

一瞬ミートソースにしようかと思ったけれど。やっぱりこれだね。

山形屋焼きそば！

鹿児島市内にある老舗百貨店・山形屋の中の『山形屋食堂』で食べたのは焼きそば。店名も違ってメニュー名も違うけど一緒。

どうやら鹿児島の人はみんなコレを食べていると云うソウルフード方面です。

ウマウマウー！

野菜たっぷりのあんかけのかた焼きそばです。
昭和33年に発売して以来の定番中の定番メニュー。
長い間愛されてきたそのヒミツは。
もしかしたら凄くフツーな味わいだったからなのではないでしょうか。
敬愛すべきフツーの焼きそば。
フツーこそサイキョー。
ヒジョーにウマし。

素っ気ないフォントがたまらない三杯酢。
ワタシは知ったのですが。
この三杯酢はたっぷりとかけて大丈夫。
チマチマとかけていてはその魅力が判らない。
酸味がスカッと爽快に攻めてきてこその完成形。
味も見ずにお酢をドボドボとかけるのはやはり異議アリですが。
この山形屋焼きそばにはバッチリかけまショウ。

ウマウマウー！


ニンジンのニンジンたる味わいもステキだぜベイビー。

ワタシのブログをご覧になっていらっしゃる方は大体の傾向を掴んでいらっしゃると思いますが。

好きなモノは2度食べる。

鉄則ではありませんが、なるべくそうしたい。

好きなモノは何度も食べて、食べる度にまた好きになる。


ああスキスキスー。


焼きそばも2度。

ブラボー。


ちなみに「やまがたや」ではなく「やまかたや」なんです。

また伺います。

美味しかったです！　御馳走様でした！

山形屋食堂
エアポート店
鹿児島県霧島市溝辺町麓822 鹿児島空港ビルディング
国内線 2F
8:00～最終出発便の30分前 L.O.
無休

長野県伊那市『木曽屋』の無かんすい焼そばと固やきそば

長野県伊那市の『**木曽屋**』の無かんすい焼そば。中華麺を作る時に使われるかんすい（鹹水＝小麦粉に混ぜて、麺にやわらかさや弾力性をもたせるアルカリ塩水溶液）不使用を謳《うた》っておられる。元々は材木屋さんだったのが蕎麦の製麺の会社になり、地元に根付いた商品を作っておられるようだ。

ソースは粉末。作ってみよう。

具はキャベツだけで。

イワユル焼きそばのあの食感とはビミョーに違うのだけれど、口当たりの良いクセのない麺。とても味わい深い。ウマウマウー。これももう一度作ってみる。

スタンダードに紅ショウガと青海苔も一緒に。

とてもウマイ。これも僕の焼きそば貯蔵庫にまたお招きしたい。麺にクセがないので、味付けも付属の粉末ソースだけでなく色々と変化も楽しめるだろう。

またお会いしましょう。

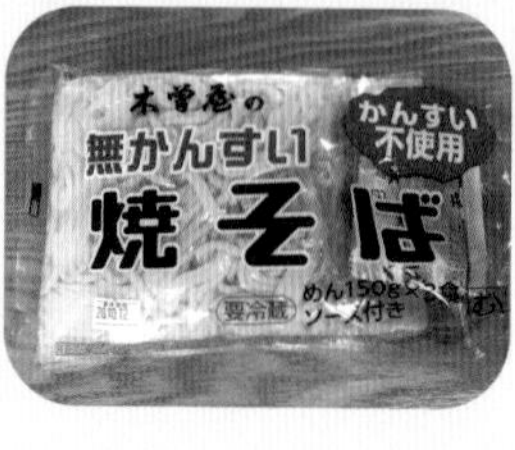

同じく『**木曽屋**』の固やきそば。長野はあんかけ焼きそばが名物なのだそうだ。知らなかった。旅路はどんどんと遠くに、そしてディープになる。

この麺がなかなか面白く、油で揚がっているタイプではなく、少しやわらかくなるように水を加えて蒸し焼きにした上で更に炒め焼きした上にあんかけをかけると云うちょっと手間のかかるタイプだ。

あんかけもたっぷり作る。ナルト必須（個人的趣味）。

炒め焼きした麺に。

あんかけをたっぷりかけて出来上がり。

付属の粉末あんかけソースの案配もとても良く、大変美味しく出来上がった。

ウマウマウー。

このあんかけとか固焼きそばの世界はまた別の大陸に新たなる旅路を見いだすことになるであろう。

今はまだ遠くから眺めるだけにしようと思う。

07 名古屋の『めん亭はるもと』で焼きそば王兄弟ときしめん女王

ＣＫＢ@名古屋ダイアモンドホールの翌日。
大阪のキャットミュージックカレッジ専門学校での特別講義の日。
その大阪に行く前に。
名古屋の中心からちょっと離れて『**めん亭はるもと**』に参りました。
前日にはチャーシューをたくさん差し入れしてもらいました。
ありがとうございました。
さあ、そして私はめくるめく麺ズ・麺ズ・ワールドへ。
少量ずつ４つのショートストーリー。最初はこちら。

トマトバジル焼きそば！

見目麗しきお姿。初めて戴きます。
麺は塩味で炒めてあるとの事。これがもういきなりですが。

ウマウマウー！

これはあの王者（次ページ参照）の兄弟！
全く違う魅力魔力能力を持ちながら、やはり兄弟。
麺の味わいをより一層ヴィヴィッドに感じられる。
口当たり、歯応え、味。
味付けがシンプルに塩と脂ゆえに麺としての歓びは大きい。
素朴にして、優雅でもある。トマトとバジルのサポートも見事。
もう一度食べたなら、王位継承。いや、別の王国が造られるのだ。
トマトバジル焼きそば王に、栄光あれ。
話は前後しますが、

プロローグのチャーシュー！　玉ねぎとミニトマトの酢漬け！

なんと豊かな。なんとウマウマな。
プロローグだけで。お酒が飲めますねぇ。
飲みませんでしたが。本当です。そしてやって参りました、

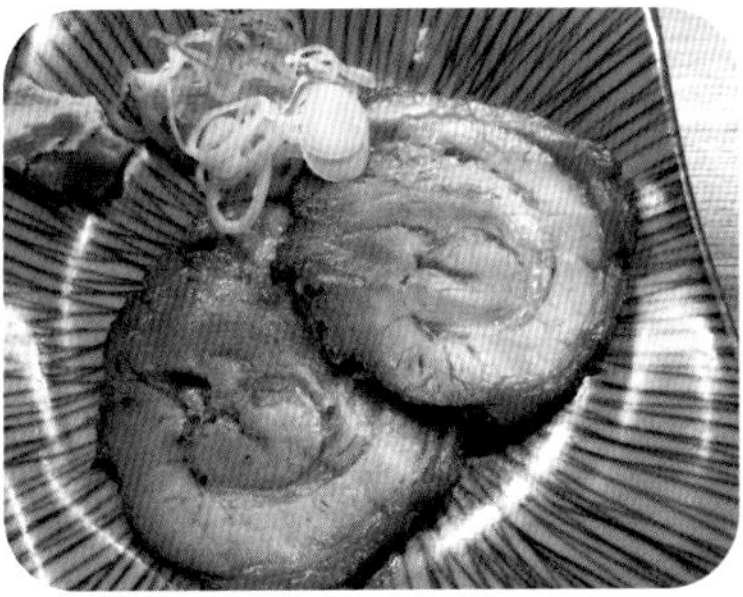

ソース焼きそばの王！

あなたにこの感動を伝えたい。
王者を目の当たりにするこの瞬間の感動を。
そして。食べた時の感動は全てを完全に凌駕する。
ソース！　焼きそば！
ぱっぱかぱー（ファンファーレのつもり）！

ウマウマ王！

なんたる歓び！　口に入れた時の、麺のエッジの角度の妙。
麺を噛んだ時の感触の崇高さ。
がしっと噛む。くしくしと噛む。ああっ。シアワセデス！
ソースもキャベツも豚肉もフツー。麺はスペシャル。
フツーに囲まれたスペシャルの素晴らしさ。
たまりませんわん。にゃー。ぎにゃー。
続いては、

平打ちのきしめん！

冷やしです。蕎麦つゆをかけて戴くのであります。
あああ。これがね。

ウマウマウー！

つるっと。ひたっと。ぴたぴたっと。
あなたはだあれ。きしめんの女王。
氷が溶けてなくなるように。
穏やかな春の陽気が冬を忘れさせるように。
後味が一点の光のように収縮して、そしてふっと消える。
でもあなたは確かにここにいた。
崇高な口当たりを。
いつまでも。いつまでも。覚えています。
感動をありがとう。
美味しかったです！　御馳走様でした！

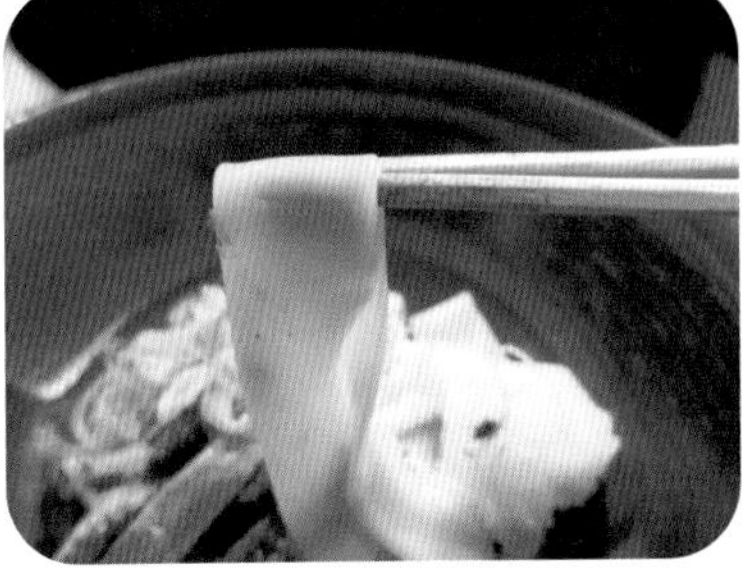

めん亭はるもと
愛知県名古屋市北区
中丸町 2-4-2
12:00 ～ 15:00
18:00 ～ 21:00
(月～水は昼のみ)
木休
※この記事の内容は特別なものです。通常メニューとは異なりますので御了承ください。

〈再訪問〉名古屋の『めん亭はるもと』でソース焼きそばの王者

王者とは何ぞや。

王や王者やチャンピオンや国王などと呼ばれる様々なものが跳梁跋扈《ちょうりょうばっこ》する現代に於いて。

求められるのは大言壮語などしない真の実力者たる王者。

先日の中野サンプラザのステージで。

ギターを演奏しながら横目で剣さんを見ていて。

ああ。

王者だ。

と思ったのです。　ホントに。


これからご紹介しますのは同じような感覚で感じた王者。

CKB@名古屋市公会堂の終演後にお伺いした『**めん亭はるもと**』。

ここで戴いたこちらです。


ソース焼きそば！

剣さんと焼きそばを一緒にするなと云う声も聞こえそうですが。

非礼がありましたらご容赦ください。

このソース焼きそばが、私にとってのソース焼きそばの王者なのです。


ウマウマ王！


麺そのものの口当たり、歯応え、味わい、後味、それらが全て限りない愉悦と陶酔をもたらす。威厳があり。親しみやすさがある。

ごくフツーのソースと、お肉とキャベツと、青海苔と紅ショウガ。

フツーの取り合わせで、全てを超越する。

何度戴いても、食べる度に新鮮な歓びと驚きがある。

いつかこれをお腹いっぱい、心ゆくまで食べてみたい。

そんな壮大な夢を与えてくれるソース焼きそばの王者。

北の空に輝くオーロラを一度観てみたい。

宇宙から青い地球を眺めてみたい。

そう云うのと同じくらいの感じなんですが何か。

美味しかったです！　御馳走様でした！

※この記事の内容は特別なものです。通常メニューとは異なりますので御了承ください。ただ冷やし中華は頼むと年中出てくることは内緒だそうです。

08

新潟万代シティバスセンターの『みかづき』でホワイトイタリアンを3年ぶりに

2017年11月15日、クレイジーケンバンド@新潟テルサの会場入り前。一足先に新潟に到着して徒歩で万代シティバスセンターへ。まずは『名物・万代そば』で普通カレーライスを戴きまして。↓その足でバスセンター2階へ。

2階に御座いますのは**『みかづき万代店』**です。

久しぶりにイタリアンを戴くのですがイタリア料理のイタリアンではありません。焼きそばにミートソースをかけたのを新潟ではイタリアンと称するのです。下の写真がノーマルなイタリアンで御座います。

このイタリアンを出しているのが『みかづき』と『フレンド』と云う二つのお店。

どちらもチェーン店展開をして新潟県内で共存してやっているとのこと。新潟市の方が『みかづき』で長岡市の方が『フレンド』と云う勢力分布なのかな。

両者の違いは細かくはあるものの（味や麺の形状や）、とにかく新潟でイタリアンと云えばこれ。3年ぶり（正確にはデパートの催事で出店していた時に食べたので2年ぶり）にイタリアンイタダキマス。

ホワイトイタリアン！

ノーマルのイタリアンではなく、ワタシはこのホワイトソースのかかったのが好きです。

アイムドリーミングオブアホワーイトイタリアン。

夢にまで出てきた白いヤツ。

白いのとか赤いのとか連邦だ専用機だとか云い出すとそれはそれで面倒なのでそちら方面には行きません。あしからずご了承ください。

ホワイト！

子供の頃にウチの母が無水調理鍋みたいのを買ったんです。

それに黄色い表紙のレシピ本が付いておりまして。

図鑑とかが大好きなワタシはそのレシピ本に暫し夢中になりまして。事ある毎に読み返しておりました。

ムースとかテリーヌとかコキールとか初めて見る言葉がいっぱい。好き嫌いがヒジョーに多い偏食児童でしたが料理には興味を持ちました。考えればそれが今のワタシのウマウマウーライフに繋がるのですけれど。特にその中で印象的だったのがホワイトソースの作り方。小麦粉をバターで炒めて牛乳でのばす。その作業に特に興味を持ちまして、親が留守の時に実際に作ってみたのです。

結果は焦げちゃったりなんかして後で母親に叱られるわけですが。子供の頃はそんな突拍子もない無茶をするもんです。

今でもホワイトソース的な料理を見るとその頃のモヤモヤ感が思い出されます。すみません余談が長すぎました。

ホワイト！

アイスコーヒー、Sサイズ。イタリアンには冷たい飲み物が合う気がします。すみません勝手なこと云って。イタダキマス！

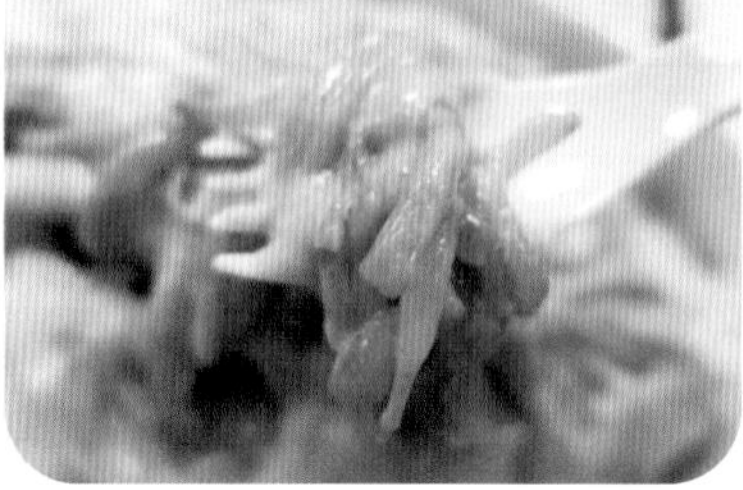

ウマウマウー！


優しさに包まれる時。

シアワセデス。

世の中で最もパンチのない食べ物のウチの一つとしてカウントされそうなパンチのなさ。

麺も特に口当たりとか噛み応えとか意識はありません。

時折顔を見せるコーンの存在がまた可愛くてキュート。

焼きそばにも味は付いていますがホワイトに全てを委ねています。


それにしても1階で食べたカレーはパンチバッチリですが2階はノーパンチ。スバラシイなぁバスセンター。大満足です。

ホワイトイタリアンブラボー。

また必ず伺います。

美味しかったです！　御馳走様でした！

みかづき 万代店
新潟県新潟市中央区万代1-6-1 バスセンタービル2F
10:00～20:00
無休（元旦休）

09
札幌の『やきそば屋 大通り店』でやきそば（並）

2018年12月5日、小野瀬雅生ソロ@札幌虎の当日お昼。
まずは札幌駅界隈で何かウマイモノをと考えました。
『回転寿し魚一心ラフィラ店』で回転しまして。↓↓↓↓↓

これだけでほぼ満足でしたがお腹にちょっとだけ余裕がある（気がしたんです）。
そこで以前から気になっていた『**やきそば屋 大通り店**』へ参りました。
ちょっと変わったシステムを体感。
カモーン。

やきそば（並）！

ご覧の通り炒めただけの麺が出て参ります。
キャプションは以下の通り。

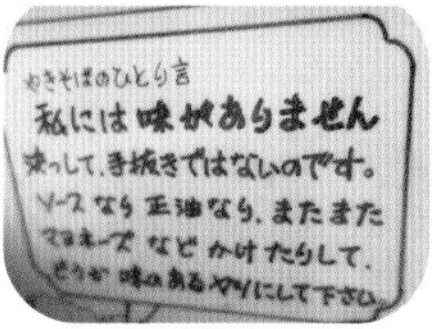
やきそばのひとり言
私には味がありません
決っして、手抜きではないのです。
ソースなら 正油なら、またまた
マヨネーズ など かけたりして、
どうか 味のある ヤツにして下さい。

「**私には味がありません**」

各種ソースなどで味付けをしてくださいとのこと。にゃるほろ。

各種ソースなど!

お醤油やお酢などもあります。
まずは一番スタンダードそうなソースをかけてみました。イタダキマス。

ウマウマウーー!

確かに味付けはされていませんが、ワタシは実は麺自体の味を味わいたいニンゲンです。
ですので焼きそばの麺をストレートに味わえるこのシステムは実はドンズバなのです。ヤバーイ。

これはチョップスティックスノンストップデンジャラスじゃん。
ちょっとだけソース。ちょっとだけ醤油。
これで充分。
ここはあまり空腹でやって来ると大変なことになるな。
自戒します。でも次回はもっと大きいの食べてみたいと思います。

麺の量もこのようにノンストップ対応。↓↓↓
デンジャラスね。

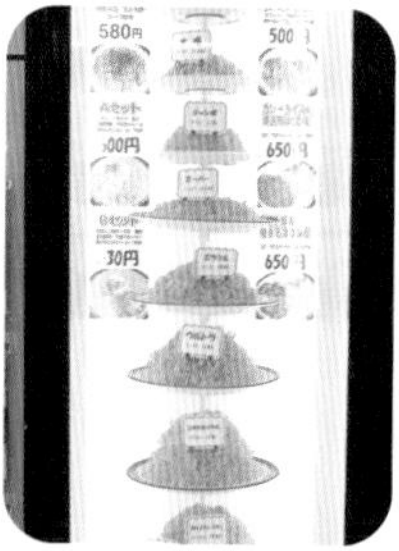

やきそばブラボー。
クリスマスイブはお休みです。

札幌のマストイートがまた増えてしまいました。
トッピングなど色々あるようなので勉強しておきます。
また伺います。
美味しかったです！ 御馳走様でした！

やきそば屋
大通り店
北海道札幌市中央区
大通西4-1
新大通ビルB1F
月〜金
11:00〜20:00
土日祝
11:00〜19:00
不定休

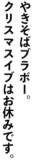

10 小樽の『龍鳳』でブラックサバス焼きそば

先日小樽に参りました際にワタシには二つやらなければならないことがありました。しかし飛行機のディレイで到着時間が2時間ほど遅れたせいでその一つは断念。

おたる水族館でフウセンウオを見る。これが出来なかったー。フウセンウオチョーカワイイノー。見たかったー。見て身悶えしたかったー。次回は必ず。

しかしもう一つのミッションは何とかギリギリ遂行出来たのです。JR小樽駅から徒歩10分弱で『**龍鳳**』と云う中華料理店に到着。CKB CLASSIXでいつも食事をする横浜伊勢佐木長者町のお店と同じ名前。青森には『龍鳳閣』もあったな。

それはともかくなぜ小樽で『龍鳳』なのか。

このメニューがあったからです。


ブラックサバス焼きそば！

これはもう全国のサバスファンがマストイートでしょう。

漆黒の闇を感じるルックス。そしてこれハーフサイズです。


小樽では昔からあんかけ焼きそばが愛されてきました。昭和30年代からですから50年以上のあんかけ焼きそばの歴史があるようです。

このお店の基本は塩あんかけ焼きそば。

そしてレギュラーサイズは麺2玉。

ハーフサイズが1玉です。ハーフでいいしょハーフでね。


そしてかなりストレンジなネーミングもあるオリジナル群。

ブラックサバスの下にはピンクフロイド。

実は最初はピンクフロイドにしようかと思ったのですが、この日は作れないとのこと。

サバスとフロイドを並べてみる夢はいつの日か。

ここには書いてありませんがエピタフ焼きそばもありました。


コンフュージョンー。

麺が1玉か2玉かの違いであんの量は多分変わらないのだと思います。

ですからハーフでもかなりのボリューム。イタダキマス。


ウマウマウー！


熱い。いつまでたっても熱い。

そして山椒のシビレが熱さの中に忍んでいてかなりビリビリ来ます。

時間がないのに急げない。

でも味わう。

とろっとした食感の中にあるタケノコとキクラゲのシャキシャキ感が痛快。モチロン豚肉もとても美味しい。

麺と具ととろみの絶妙なコンビネーション。

これはオジーのサバスでなくロニーのサバス。ヘブン＆ヘル。


ブラボー。小樽の『龍鳳』もスバラシイデス。

いつか必ずピンクフロイド、そしてエピタフを。

美味しかったです！　御馳走様でした！

龍鳳
北海道小樽市稲穂
4-4-9
11:00 〜 20:00
木休（祝日の場合は
営業、翌日休）

〈再訪問〉小樽の『龍鳳』でキン・ザ・ザ麺

2019年5月18日、小樽での小野瀬雅生ソロライブ@洋食屋マンジャーレTAKINAMIの会場入り前。

まずは中華食堂『龍鳳』に立ち寄りました。

小樽市民の皆さんのソウルフード、あんかけ焼きそばにメニュー特化したお店です。

メニューは色々あります。

そしてロックなメニュー名が付いているのです。

前項の通り、ブラックサバス焼きそばを戴きました折、食べ終えましてふと一息。

もう一度メニュー表を見直してみました。

次回何を食べようか考えておくためだったのです。

ところがメニュー表の最後に見つけてしまったのですよ素通り出来ないヤツ。

この時のために朝から、いや前日の夜からずっと食べずにお腹のスペースを空けておいたことになります。

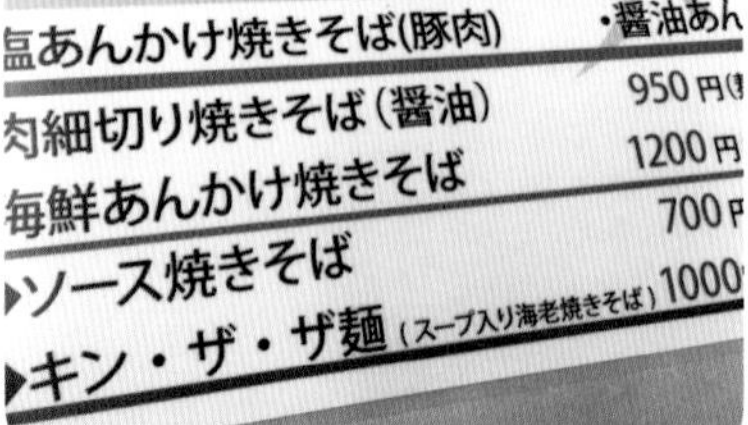

もう一度お腹と相談。オッケー出ました。

カモンレッツゴー。


キン・ザ・ザ麺!


クー。キンザザですよ。

どうしますか。

わからないですか。

正確な日本タイトルは「不思議惑星キン・ザ・ザ」。

旧ソ連で1986年に公開されたSF映画で、当時のソ連国内での動員数は1500万人とか。

日本では1989年に公開されましたが知る人ぞ知る方面へ。

クー。


ほいでもってどこがキンザザなのかとマスターに訊きましたところ特にSFでもクーでもキューでもないとのこと。

もしかしたらエル・トポ麺になったかもと云うお話でした（それなら

それでワタシは食う)。
で、ご覧の通りスープ入り海老焼きそばなのであります。
食べてクーと云えばよろしい。
イタダキマス。

ウマウマウー!

ブラックサバスも熱かったけれどキンザザはもっと格段に熱い。
片岡鶴太郎さんやダチョウ倶楽部の上島竜兵さんに食べて戴きたい。
本気で熱くてなかなか食べられない。
そしてあんかけがしっかりしているので全然冷めない。
いつまでも熱いところへチャレンジせねばならないのです。
麺はご覧のように焼き付けてあります。
スープとあんかけはあんかけの方が多いかと思うくらいのバランスでたっぷりです。
エビがぷりっぷりのぷりぷりでアツアツでウマーイ。
こんなにウマイかエビ。

そして焼き付けた麺があんかけスープの中で解けてくるのがまたたまらん。

あと、熱いのともう一つ注意事項。汁が飛びます。

麺が焼き付けてあって箸でリフトするとごそっと上がってくるのでちょっと戻そうと思うとぴしっと汁が飛ぶ。

ミートソースなどよりも飛びます。

ご注意ください。

あんかけも汁も正統派の塩味。

どこかに洋風の手法も使われているのではないかと勘繰ること頻《しき》り。

ネーミングの妙で知り得たこの味わい。

出逢いに感謝。クー。


キン・ザ・ザ麺ブラボー。


色々とお気遣いありがとうございました。

また必ず伺います。

クー。

美味しかったです！　御馳走様でした！

11 群馬県太田市の『白樺亭』でソース焼きそば

2017年11月19日、クレイジーケンバンド@太田市民会館の会場入り後。リハーサルまでまだ時間がありましたので昼食を摂りに外出。剣さんてっちゃんと一緒でしたがお店を決める段階でワタシはソロ活動へ変更。ソロで参りましたのは会場から徒歩数分のところにある中華料理店『**白樺亭**』。

群馬県太田市と云えば太田焼きそばが有名らしいのですが、会場近くには有名店はありませんで、何となくこちらのお店でトライ。まったりとした日曜昼の店内。テレビでは「開運！なんでも鑑定団」（再放送?・）が鑑定中。昼のエアポケットに入りました。イタダキマス。

ソース焼きそば！

フツーのヤツがやって来ました。これはいわゆる太田焼きそばではないですよね。仲間なのかな。

ウマウマウー！

これね。半分くらい野菜です。キャベツにモヤシにキクラゲにニンジンもちょっと。ソース味の野菜炒め、麺入りと云っても過言でないくらい。でも野菜がウレシイわ。

濃いめのソースの味とウマイことマッチしておるのです。

青海苔に紅ショウガとステロタイプな脇役もナイス。

最上級の美味しさはないけれど、ここでこれに出逢えたことに感謝感激アラレちゃんあらあらきんどーちゃんもお願いね。

ソース味堪能しました。ブラボー。

ワタシは大切なメニューを見逃していたことを告白します。

かつ丼。

あー。いつか必ずこの無念晴らしに来ます。

美味しかったです！　御馳走様でした！

白樺亭
群馬県太田市飯塚町
621-1-4
月〜金
11:30 〜 14:30
17:00 〜 22:00
土日祝
11:30 〜 22:00
水休

12

石垣島の『魚礁』でイカスミソーメンチャンプルー 3年ぶりにウマウマウー

2020年11月8日、石垣島夜の部。朝は巨大魚大会。

昼はちょっくら竹富島へ。

そして夜は久しぶりの居酒屋『**魚礁**』からスタート。↓↓↓

3年ぶりとなります。そして3年間忘れなかったメニューがあります。

まずはそちらをご紹介。カモンレッツゴー。

イカスミソーメンチャンプルーー！

3年越しの再会。相変わらずキレイな黒。イタダキマス。

ウマウマウーー！

もう写真のピントが全然合っていませんが。

iPhone買い換えるかどうするか（↑後に買い換えました）。

それはともかく一口目でもう陶酔の表情（↑をしていたと思います）。

塩味と旨味との絶妙なバランス。

記憶の中の味わいより数倍ウマかった。これを食べるためだけにこのお店の近所に住んでも良いのではないかと真剣に考えました。

ちょっと太めのソーメンの口当たりも食感もサイコー。

野菜のシャキシャキ感も加わってのハーモニー。

ナイスアンサンブル。多くの方に実感して戴きたい。

ちなみにこれ、麺を炒めてあると云うことで焼きそばカテゴリーに入れておきます。


イカスミソーメンチャンプルーブラボー。


泡盛のソーダ割りがね。いくらでも飲めちゃうのね。

ワタシの滞在中は最高気温29～30℃。

夏を呼ぶ男。だったっけ。まあいいや。

美味しかったです！　御馳走様でした！

魚礁（パヤオ）
沖縄県石垣市新栄町
10-5
17:00～24:00
不定休

column 08

自作焼きそば

栃木県那須塩原市『菊地市郎商店』製のソースやきそば

「北野エース」なるスーパーマーケットで見つけた、栃木県那須塩原市の『**菊地市郎商店**』製ソースやきそば。様々な文字フォントが踊る賑やかなパッケージ。とっても昭和。一目惚れです。ジャケ買いです。

麺と液体ソース。このソースのフォントもイイ。気が利いているなぁ。

これもキャベツだけで作ってみた。なかなかのグッドルッキングな仕上がり。キャベツ多すぎか。

どうしてもナルトを載せたくなるのですがちょっとガマン。またの機会に。

ウマウマウー。麺の口当たりも滑らかで食べ応えもしっかりしている。ソースはたっぷりあるのでこれももっと具材を入れた方が全体的に泰然とするような気がする。作りながら、食べながら、仕上がりはドライとウェットのどちらの方がスキなのだろうと考える。どちらかと云えばドライ派なのかと思い至る。

これは肉じゃがやカレーのジャガイモが煮崩れているのがスキかそうでないかのクロスロードに立つのと似ているような気がする。

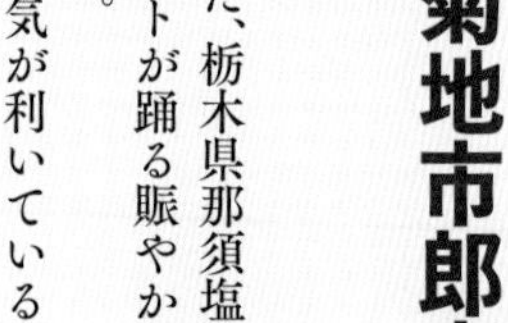

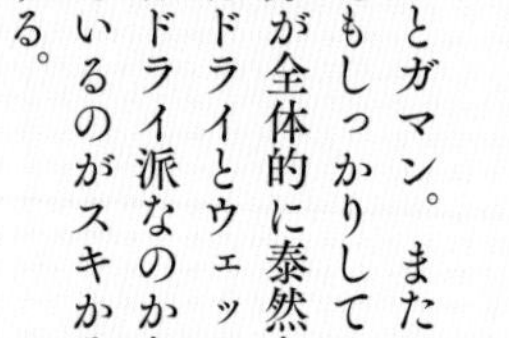

僕は圧倒的にエッジがはっきりある方（要するに煮崩れていない）がスキ派だったのだけれど、最近はしっかり煮てある方がウマイかもねとも思い至り、結局それはどうでも良いと云うことになった。ウマければ良い。雑。

そして以前やってみた炒める時にマヨネーズ使用の儀を執り行うことにしてみる。さあどうなのだ。具ナシで作って余りにも殺風景だったので、同じ栃木県代表「岩下の新生姜スライス」（冷蔵庫に常備）を添えてみた。

何だかちょっとアートっぽい感じもしないでもない。気のせいか。

ウマウマウー。ウマイけれどマヨネーズの分だけちょっとくどい。このくどさは若者だったら大歓迎のパワフルさでもある。これで具材たっぷりなら若者も（僕なら10年前くらい。50歳手前だけど）大喜びなのではないかと思う。

液体ソースには何かしらの油脂も含まれていると思うので、作っている段階でゴジラ対キングギドラにする必要もなかろうか。ゲストにアンギラスくらいで充分なのかとも思う。そして粉末だからこそのマヨネーズなのか、麺とのマッチングはどうなのだとも考える。

そうした粉末・液体ソース問題、そして油脂問題もこれからの課題となろう。課題だらけだ。人生そのものだ。ちなみにゴジラ対ヘドラがスキです。

13 石垣島の『なかよし食堂』で焼きそばと八重山そば

2020年11月8日、石垣島滞在3日目。

永遠に終わらないのではないかと思った石垣島食レポも終盤に差し掛かりましたご安心ください。

3日目はゆうくん達と竹富島に行ったりして昼間はちょっとのんびり。

夕方近くになって遅いお昼を『**なかよし食堂**』にて戴きました。

初めて伺いましたがこれがまた大当たりで。

更に石垣島がスキスキスーになりました。カモンレッツゴー。


焼きそば！


カツ丼もあった。チャーハンもあった。

でも焼きそばにした。

オーケー。

前の晩に戴いた島とうがらしにんにく焼きそばが緯度的にはほんの少

しこちらより南でしたが経度的にはこちらの方が明らかに西。

なので我が日本最西端の焼きそばとなります。

南と西をこの旅でゲット。焼きそばGO。イタダキマス。


ウマウマウー！


ぎゃー。色味的に塩味と思ったら違ったー。

この色でちゃんとソース味なんだよー。ビックリしたなーもう。

麺は丸みのある八重山そばの麺で口当たりバツグン。

食べ応えもしっかりで食べながらうっとり。

青菜も豚肉もナイスサポート。


食べ進めるうちにこれと似た食感や味わいの焼きそばに思い至らないことに気が付きました。

唯一無二。オンリーワン。

ここでしか食べられないか。そうかそうか。

必ずリピートする。焼そばブラボー。

八重山そば！

これはヒトクチ味見させてもらいました。
イタダキマス。

ウマウマウーー！

ああこれも麺が快感。味見のつもりがつるつると貪り食ってしまいそうになりました、つるつる。
スッキリとした汁の味わいがサイコー。
ここの近所に住みたい。

八重山そばブラボー。

いつの日にかカツ丼もチャーハンも食べてみたい。
夢も欲も増すばかり。
また必ず伺います。美味しかったです！　御馳走様でした！

なかよし食堂
沖縄県石垣市新栄町
26-21
11:30～19:30
(売り切れ仕舞？)
水休

14 群馬県前橋市の『DINING Ben』で太麺焼そばと角煮丼ウマウマウー

2020年11月18日、群馬県前橋市の『DINING Ben』でソロライブを演らせて戴きました。
この御縁を繋いだのが焼きそばです。カモンレッツゴー。

太麺焼きそば！

焼きそばが繋いだ御縁の詳細は動画の中に御座います。↓↓
是非ご覧になってください。
2016年にヤマダグリーンドーム前橋で行われたイベントにCKBが出演した時、楽屋に差し入れしてくれた焼きそばの歯応え噛み応え200％の太麺が一発で気に入り麺とソースを送ってもらい自宅で作ったのです。やっとお店に行ってオリジナルを食べることが出来ました。
ご店主の和田さんに作り方も教わりました。とても貴重な体験。

和田さん、改めてありがとうございました。
自分でも太麺焼きそば再チャレンジします。

ウマウマウー！

個人的ポリシーとして麺は出来るだけ固い方が好みです。
今後もそのポリシーを忘れずに生きて行こうと考えております。
この太麺焼きそばはワタシにドンズバ。太麺焼きそばブラボー。

角煮丼！

これも負けずに。

ウマウマウー！

いつかもっと色々と戴いてみるつもりです。ブラボー。
またゆっくり伺います。美味しかったです！ 御馳走様でした！

DINING Ben
（ダイニング ベン）
群馬県前橋市本町
2-11-5
ひろしま酒店 2F
月〜金
11:30 〜 14:00
18:00 〜 23:00
土日祝
18:00 〜 23:00
不定休

15 神戸三宮の『天一軒』でヤキソバウマウマウー

2020年11月20日、神戸滞在初日。
午後、神戸到着後すぐに『天丼 吉兵衛』で天玉丼を戴いて。
湊川に移動して『丸萬』でウマイモノ色々とお酒もちょっと戴いて。
しかしこのタイミングでもう一つミッションを果たさねばなりませぬ。
それは三宮の『**天一軒**』に伺うと云う大仕事。
約1年ぶり。行きました。食べました。
カモンレッツゴー。

ヤキソバ!

ワタシは現在焼きそばの果てしなき旅に出ております。
こちらのヤキソバにもGoToせねばなりますまい。
このカタカナのヤキソバには大変にご無沙汰しております。
自分のブログを見ると6年ぶりか。

ヤキメシの方を溺愛していたからなぁ。『天一軒』のヤキメシは神域。
ヤキソバもヤキメシもウスターソースをかけての途中味変もステキ。
ワタシの魂に深く響く味。
そんなわけでヤキソバカモーン。イタダキマス。

ウマウマウー！

たまりませんわ。
このピシッとした味わい。
来て良かったと心から安堵。
一部始終を動画に撮ってありますのでどうぞ。→

『天一軒』のヤキソバブラボー。

これで済むわけがないのはワタシをご存じの方でしたら明白ですが。
その明白に続きます。
美味しかったです！　御馳走様でした！

天一軒
兵庫県神戸市中央区
琴ノ緒町 4-1-100
18:00 〜 22:00
水休

16

神戸元町の『花吉』でトムヤム焼きそばパクチーのっけとバタフライピーお茶割り

2020年11月20日、神戸滞在初日。前項と同じ日です。復習します。
午後、神戸到着後すぐに『天丼 吉兵衛』で天玉丼を戴いて。
湊川に移動して『丸萬』でウマイモノ色々とお酒もちょっと戴いて。
そして三宮の『天一軒』に伺いヤキソバとヤキメシを食らい。
夜はRS友の会ミーティングに参加。
長い1日の最後は元町『**花吉**』にて。
こうちゃんも中山くんも来て1日の締め。
そんな最後の最後にメニューを見ると焼きそば発見。
御縁です。カモンレッツゴー。

トムヤム焼きそばパクチーのっけ!

サラダではありません。焼きそばです。

パクチーが大量に積載されております。

この隙間から焼きそばこんにちは。イタダキマス。


ウマウマウー！


エキゾチックでオリエンタルでたまらん。

チョー気に入りました。これは延々と食べていられる。

麺は多分中華の焼きそばの麺。

それにトムヤム味付けで異文化交流的仕上がり。

この秘密についてはまだ語り合っていませんが、きっとワタシのマストイートになるでありましょう。

レモンがサポート大賞。

焼きそばってスバラシイ。トムヤム焼きそばパクチーのっけブラボー。


バタフライピーお茶割り！

キレイな青でしょ。

これバタフライピーと云うマメ科の植物を使ったお茶と煎茶をブレンドしたものでキンミヤ焼酎を割ってあります。

色鮮やかなだけでなく色々な薬効がありますが注意事項もありますので女性の方は特にご注意くださいね。

味はなかなかシブイ。


ウマウマウー!


そしてこれレモンをちょっと搾ると。

色がアッと云う間に変わるんです。


チェンジ!


レモンを入れてちょっとかき混ぜると瞬時にこの色になります。

そう云うのを動画で撮っておけば良かったよね、そう云う機転が必要だよねこれからの時代ね。

美味しかったです! 御馳走様でした!

↑チェンジ!

花吉
兵庫県神戸市中央区
元町通5-8-21
大西ビル1F
15:30〜23:00
不定休

17 大阪市東成区中本の『長谷川』で焼そば（大）

2020年12月25日、クレイジーケンバンド@ビルボードライブ大阪1日目の会場入り前。

まずは満を持して千日前の『坂町の天丼屋』に伺い。↓↓↓
それから地下鉄千日前線で今里駅まで行き、今里筋を緑橋方面に歩いて辿り着きましたのが焼そばのお店『**長谷川**』。
焼きそばの世界に没入したワタシの「絶対に行くお店リスト」の最上位にあったお店です。
こんなご時世ですがこの機会を逃すといつになることやらで訪問を決断。その決断はスバラシイ成果を与えてくれました。カモンレッツゴー。

焼そば（大）！

麺の量で並・大・特大とあります。

並（Sサイズ）麺1玉、大（Mサイズ）麺1・5玉、特大（Lサイズ）麺2玉。
並・大・特大よりもS・M・Lの表記の方を重視。
それならばMでしょやはり。そうではないですか。

最大の特徴はこの時点で味付けはされていないこと。
この後で各自卓上のソースをかけて混ぜてから戴くシステム。
ソースの量に関しては「4回し」が推奨です。
そしてやはり大きな特徴なのが具。牛肉とタマネギです。
トッピングに玉子やニラやシーフードはありますが野菜は他にありません。
そして麺が真四角の太麺。
まるでうどんのようなグラマラスさ。
特殊です。
この特殊さを体験したかったのであります。
特殊スキスキスー。
焼いただけの焼そばに各自ソースで味付けをするソース後がけスタイ

ルの「今里焼きそば」。

戦後間もない頃にこの近所で流行ったオールドスタイルなのですが一旦絶滅。

それを1995年に復活させたのがこちらのお店なんだそうです。

焼きそばの世界に身を投じたからこそ知ることが出来た歴史ある今里焼きそば。心してイタダキマス。


ウマウマウー！


ああああ。

食べてよかった。何と品格の高い味わいなんだろう。

麺のグラマラスさとウスターソースのクールさ。

牛肉のはっきりした旨味と淡路島産タマネギの風味の豊かさ。

これら全てが相俟って外連味《けれんみ》の無いポップでステキな味わいになるんです。

そしてこの四角い太麺が横浜の『元祖ニュータンタンメン本舗』の焼そば（61ページ）に通じる太麺ならではの快感が御座います。

ここから先にワタシの妄想が更に濛《もう》々《もう》淙《そう》々《そう》と続くのですがそれはまたいずれ。

ウマウマウー！

麺は全く味がしないわけではなく、だしで蒸し焼きになっています。
そこに味わいの深さの秘訣があるのかと感心すること頻り。
スバラシイモノを食べた。
心から堪能しました。今里焼きそばブラボー。

初訪問の地でこの看板を見つけた時のワタシの喜びようったら。
ガッツポーズ出ました。

ウマイモノは二度食う。

そんなわけで連食しましたけどねはっはっは。
美味しかったです！　御馳走様でした！

長谷川
大阪府大阪市東成区
中本 5-26-6
火〜土
11:30 〜 14:30
17:00 〜 21:00
日祝
11:30 〜 15:00
月休

〈再訪問〉大阪市東成区中本の『長谷川』で焼そば（大）ふたたび

2020年12月26日、クレイジーケンバンド@ビルボードライブ大阪2日目の会場入り前。

前日と同じ序盤戦。

初回は千日前の『坂町の天丼屋』（226ページの二次元コード参照）にて完璧な立ち上がり。そして前日の訪問で距離感が掴めたので移動もスムースに今里筋の焼そばのお店『**長谷川**』へ2日連投。

気に入りそうなものは何でも連続で試してみるのが世の習い。

カモンレッツゴー。


焼そば（大）！


メインメニューは焼そばのみ。

前回も書きましたが、麺の量で並（Sサイズ）麺1玉、大（Mサイズ）麺1.5玉、特大（Lサイズ）麺2玉となります。

並・大・特大よりもS・M・Lの表記の方を重視。

それならばMを選ぶのが自然の理と云うものです。
他にトッピングもありますが2度目もまだトッピングへは突入致しませんでした。
これまた前回も申し上げました通り、味付けは殆どされていない状態で提供されます。
蒸し焼きにする時にだし汁を使うのみ。
味付けは各自卓上のソースなどをかけるソース後がけシステムと云うのが最大の特徴。
麺は太麺、具は牛肉と淡路島産タマネギとこれまた特徴的。

ソースです。
かけます。
「4回し」かけると云うのが推奨の分量。
各自加減してくださいとのこと。
かけたらイタダキマス。

ウマウマウー！

これはたまらんウマさ。

ソースに火が入っていないことによってソース自体のスパイシーさや複雑な旨味が損なわれずに直で焼そばの風味に直結すると云う合理的とも思える流儀。

これが昭和20年代に生まれたとは思えない洗練された風味の今里焼きそばなのであります。

焼きそば淡麗派と呼んでも差し支えないスッキリした味わい。

でも満足感はどっしりある。

むしろ味わいの重心は低い。

太麺の妙味が最大限に発揮されている。

麺をリフトアップする時の感触も、グラマラスな食感もドンズバ。

具とソースのマッチングもスバラシイ。

2020年は大変な年だったけれど、この焼そばに巡り逢うことが出来たのは大きな収穫の一つ。


『長谷川』の焼そばブラボー。

暖簾の「くて味」とあるのが気になってご店主に意味を訊いてみましたところ。

「今まで使っていた暖簾が古くなったので、前からあった暖簾に交換。くて味ってのはあまり意味がない」と云う説明がありました。


判ったような判らないような。


まあネットで調べれば何か出て来るかと思いましたがこれが皆無。

またお伺いして訊いてみなければなりませぬ。

このメインの看板の感じが滅多矢鱈に懐かしいと思いましたら神戸丸山の『天よし』の看板を思い出したのでした。


こちらもワタシの大阪マストイートになります。

またゆっくり伺います。

美味しかったです！　御馳走様でした！

18 神戸の『のり吉くん元町駅前店』で温玉ソース焼きそば

２０２１年3月28日、神戸での小野瀬雅生 with 松田礼央・黄啓傑＠のり吉くん元町駅前店の終演後。
そのまま『**のり吉くん元町駅前店**』にてお食事。本日のメニューにこれがありましたので、ステージでのＭＣでオーダー通しておきました。カモンレッツゴー。

温玉ソース焼きそば！

ほれほれ。ほれほれほれ。焼きそばじゃぞ。オーイェー。左側のグリーンエリアはネギです。削り節が踊っていました。イタダキマス。

ウマウマウー！
ソースのインパクトよりも和風だしの旨味から。

その旨味とナイスコンビネーションのソース。
麺とモヤシのシャキシャキ感がこれまたナイスコンビ。
豪快な打撃ではなく華麗な守備。その豊かさ。
店主の大西くんに申し上げましたが非の打ち所がない味わい。
ワタシの好みにドンズバ。

温玉ソース焼きそばブラボー。
ウマウマウーー！

ソース文化が多彩である神戸。
どんなソースを使っているのか尋ねたところ。
京都のツバメソース使用とのこと。神戸じゃないんかーい。
ウマければ問題ナシ。
ライブ後の小野瀬雅生にバッチリ効果がありました。
ブラボーブラボー。

美味しかったです！　御馳走様でした！

のり吉くん
元町駅前店
兵庫県神戸市中央区
北長狭通 3-3-2
近畿ビル 2F
17:00 〜翌 1:00
不定休

19 富士宮やきそば駆け足訪問記

2021年、富士宮を初めて訪れた。B－1グランプリ（ご当地グルメで地域活性化を図る町おこしのイベント）で一躍脚光を浴びた富士宮やきそば。静岡県富士宮市で終戦後から長く愛され続けてきた富士宮やきそば。十数年前に三軒茶屋駅近くのキッチンカーで食べた富士宮やきそばが初体験。その後西葛西にある富士宮やきそば専門店『**ヤキソバーきのこや**』（76ページ）にて数度富士宮やきそばを戴いた。あとはスーパーで売っているシマダヤの富士宮やきそばかカップ麺の富士宮やきそば。どれもなかなか美味しかったが、一度本場で食べてみたいとずっと考えていた。

キンキュウとかマンボウとかの合間を抜けていざ富士宮へ。

ところで富士宮へはどうやって行ったら良いのか。車なら東名高速で行けばアッと云う間に着きそうだけれど、ワタシは生憎運転免許を持っていない。誰かの車に乗せていってもらうのもアリだけれど、ここはひとつ電車で行ってみよう。新幹線こだまで三島駅まで行き、JR東海道

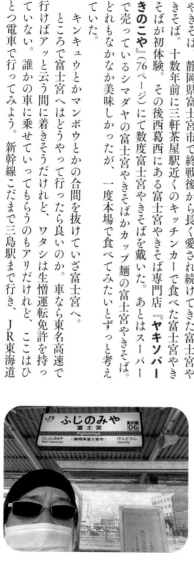

線に乗り換えて富士駅まで行く。そしてJR身延線に乗り換えて富士宮駅に無事到着。時間も運賃も結構かかる。ちょっとした小旅行。東京都内から約2時間。なかなかの旅気分だ。

まずは駅から暫く歩いて富士山本宮浅間神社方面へ。全国の浅間神社の総本山であるそうな。その門前にあるお宮横丁に向かう。ここに富士宮やきそばのお店が何軒もあってフードコート形式で気軽に味わえるとのこと。初心者にはとてもありがたい。

最初に**『富士宮やきそばアンテナショップ』**へ。ここは富士宮やきそばが全国区になった立役者の富士宮やきそば学会直営店。

ここからスタート。

富士宮やきそば（並）！

以前は辛口などバリエーションがあったようだが現在はスタンダードなやきそばの並と大のみ。だし粉（イワシの削り節を粉状に粉砕したもの）がたっぷりかかっているのが特徴。どこのお店でも必ずかかっている。

富士宮やきそば
アンテナショップ
静岡県富士宮市宮町
4-23 お宮横丁内
10:30 ～ 17:30
無休

ウマウマウー。

シンプルなソース味。あまり味は濃くない。富士宮やきそば独特の麺の食感がとても嬉しい。今まで食べたのとはやはりちょっと違う。もちもちともぷりぷりとも違うガッツある歯応え。知人から「富士宮の本場で食べてみて」と云われたが、これは本当にここだけにあるここだけの焼きそばだ。ここまで来て良かったと心から思った。

記念すべきファーストコンタクト。とてもウマかった。一生忘れない。

続いては同じお宮横町内にある**『すぎ本 お宮横丁店』**。

歴史あるお店『富士宮やきそば専門店 すぎ本』の支店だ。

ミックス焼きそば。

こちらは具材にイカが入っているのが特徴。

もちろんだし粉もたっぷりと。

ウマウマウー。

すぎ本 お宮横丁店
静岡県富士宮市宮町
4-23 お宮横丁内
10:30 ～ 17:30
火休

麺のコシが強い。しっかり噛む麺。食べ応えアリ。バランス良くウマイ。とても丁寧な仕上がりで麺の魅力が存分に生かされている。ブラボー。
続いては前出2軒の間にある『**むすびや**』。

富士宮焼きそば塩味。

3軒目にして変化球。塩味は珍しいとのことでいきなりレアアイテムゲットの気分。

ウマウマウー。

これは麺の感じがダイレクトに判ってなかなかの逸品。キャベツなど野菜がたっぷり入っていて食感も楽しい。3軒とも麺の感じが少しずつ違う。これはなかなか奥深いぞ、富士宮やきそば。

続いてはお宮横丁から少し駅の方に戻ったところにある『**さの食堂**』。店内イートインはここが最初。メニューにはラーメンや定食などもある。

むすびや
静岡県富士宮市宮町
4-23 お宮横丁内
10:30 〜 18:00
月休

富士宮やきそば。

かなりのボリューム。
ところでさのと云えば昔なら阪神の佐野選手。
今や横浜DeNAベイスターズの佐野選手。
佐野選手、岡山出身か。そんなことはどうでもよろしい。

ウマウマウー。

お宮横丁で食べた焼きそばよりも麺はしっとりやわらかな仕上がり。味付けは濃すぎず薄すぎずチョウドイイ。キャベツたっぷりでボリュームもある。ちなみに複数人数で食べ歩いておりますのでここまで全量摂取したわけではありません念のため。先は長いので自重しつつ参ります。

次なるお店はお宮横丁から浅間神社へ向かって道路を渡り、神社の駐車場脇にある『**ここずらよ**』。ずら、と云う語尾で思い出すのはワタシが子供の頃にテレビでやっていたドラマ「細うで繁盛記」。伊豆熱川の

さの食堂
静岡県富士宮市
大宮町21-1
月火金
11:30～15:00
17:00～20:00
土日祝
11:30～16:00
17:00～20:30
水木休

旅館の話だったが子供心にどうにも陰鬱に思えてやりきれなかったのをよく覚えている。強い口調で「〜ずら！」と云う会話の端々と主役の新珠三千代さんの所作の綺麗さだけを覚えている。脱線した。富士宮に戻る。

富士宮やきそばイカ入り（並）。

他にみそ田楽やソフトクリームなどのメニューもある。焼きそばは注文が入る度に店内の大きな鉄板で作ってくれる。豪快に鉄板の上でヘラを使って調理されているのを眺めるのもなかなか楽しい。

ウマウマウー。

もっちりとした仕上がりでするする食べられる。この日最初に食べたアンテナショップに近いスタンダードな味わい。もうすっかり富士宮やきそばのトリコになっているワタシ。まだまだ行ける。はりきって進もう。

ここずらよ
静岡県富士宮市
宮町1-1
9:00〜17:00
無休

次なるはお宮横丁のすぐ横にある**『富士宮焼きそば&ビストロ FUJIBOKU』**へ。店名よりもその横にある暖簾の文字が気になって気になって仕方がない。

ルイビ豚。これをルイビトンと読んではいけない。ちゃんとふりがなが振ってあってルイビブタと読まねばならない。訴えられちゃう。

富士宮市で生産されているブランド豚。こちらでは焼きそばと一緒にルイビ豚が味わえるとのこと。でも豚がトンでなくブタならルイビの立場はどうなるのだろう。余計なことを考えずに戴こう。

ステーキ富士宮やきそば（ロースor肩ロースorモモ）。

ステーキはもちろんルイビ豚のステーキ。

ハートの目玉焼きがキュート。

ウマウマウー。

麺は硬めのしっかりした仕上がり。しっかり噛むと麺の魅力がとても

富士宮焼きそば&ビストロ FUJIBOKU
（フジボク）
静岡県富士宮市
宮町4-22
11:30～15:00
17:00～22:00
（GWや祭事の期間などは通し営業をすることもあり）
水、第3火休

よく判る。ルイビ豚のステーキもかなりウマイ。これはワインとか欲しいところだけれどまだ先があるので自粛。いつの日か思う存分豚肉を食らいに来ようと思う。

浅間神社やお宮横丁からちょっと離れて、富士宮市立東小学校近くの**『前島』**に伺った。こちらは駄菓子屋さんの店内に大きな鉄板があって。そこで焼きそばやお好み焼きを焼いてくれる方式のお店。現在はコロナ禍でお客が減っていて、お好み焼きはやっておらず、焼きそばだけで営業しているとのこと。昔は何軒もあった駄菓子屋&焼きそばスタイルの唯一の生き残りとも。お話を色々と聞きながら焼きそばを戴いた。

ミックス焼そば。

具はキャベツと豚肉とイカ。後から玉子が入る。鉄板で焼いたのをお皿には盛らずにそのまま鉄板から食べるスタイル。ちょっと食べ進めたところで玉子投入。初めてのことばかりでワクワクする。

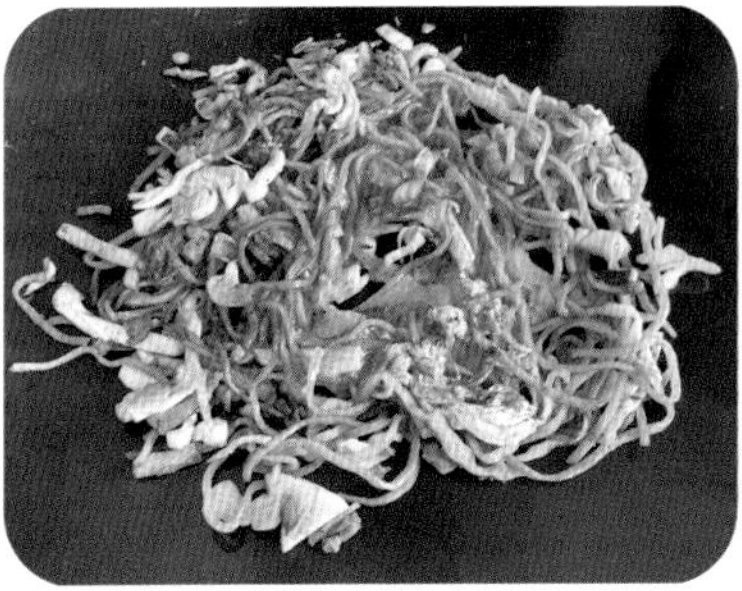

前島
静岡県富士宮市
矢立町195
8:00～19:30
無休
(不定休あり)

ウマウマウー。

味はかなりの薄め。頼めばソースを追加でかけてくれるそうだが、僕はこの薄めが良い。麺はしっかり硬め。噛み応えがくきゅっとして完全無欠のワタシ好み。これはたまらん。ハマった。魅入られた。

麺硬め至上主義のワタシに富士宮やきそばの麺が完全に呼応した瞬間だった。この焼きそばをいつまでも延々と食べていたい。ヤバイぜ。

富士宮やきそばの麺は、ビーフンを作ろうとしたところから生まれたのだそうだ。この独特の食感や透明感は終戦後の（略す）そうした出自によるものと判って合点がいった。他にも様々なお話を伺って大変勉強になった。ブームの時はお客さん1時間待ち2時間待ちは当たり前だったそうだ。早くコロナが収束してまたいっぱいお客さんに来てもらいたいとも。ワタシも必ずまた伺います。ありがとうございました。

次は富士宮駅の方に移動する途中にある**『鉄板焼ちゃん 富士宮駅前店』**へ。お好み焼や鉄板焼も楽しめるが、焼きそばメニューも豊富。ガーリック焼そばやナポリタン焼そばにも目が行ったが、究極とも思

鉄板焼ちゃん
富士宮駅前店
静岡県富士宮市
中央町9-3
月火木金
11:00～14:30
17:00～23:00
土
11:00～23:00
日祝
11:00～22:00
水休（祝日の水曜は営業。翌日木休）

えるこちらをオーダー。

焼そば丼。

ご飯の上に富士宮やきそば。定食なら判るが丼だ。素晴らしい。美しい。味噌汁も付いている。このメニューにちゃんと巡り逢える自分の引きと云うか因果と云うか少し怖気を震った。
ここに幸あり。我が人生に悔いなし。金メダル。
森羅万象全てに心から感謝したい。ありがとう。

ウマウマウー。

麺はしっかり歯応えの硬め仕上げ。ソース味にプラスして海苔やゴマとも合うのだな。新鮮な感覚。
ご飯と一緒に。これが何と意外や意外にマッチするのだった。海苔やゴマの効果もあるだろうが、違和感なく食べられる。
炭水化物＋炭水化物ブラボー。どうだ参ったか。参りました。

ラストは富士宮駅近くの『**虹屋ミミ**』を訪問。ここまで歩き回ってみてあまり人出がないと云う印象の富士宮市街だったが、このお店には身体の大きな兄さん達が集結していて繁盛されている様子だった。
何か秘密があるのだろうか。

イカ肉やきそば。

イカと豚肉。目の前の鉄板で丁寧に焼いてくれる。
手際の良さを眺めながら出来上がりを待つ。

ウマウマウー。

甘辛のソースが麺の具合とマッチしてとてもウマイ。特筆すべきはイカのウマさ。新鮮なイカを使っていると見た。食感も味わいもステキ。
そのイカの感じと麺がナイスコントラスト。食べ進めると和風の旨味がしっかり感じられて満足度大。
たっぷり食べ歩いて満腹度極大。ブラボーブラボー。

虹屋ミミ
静岡県富士宮市
中央町 3-9
11:00 ～ 19:00
火休

食べ歩くだけにとどまらず、駅近くのイオンで富士宮やきそばの麺を入手した。富士宮市内のメーカー4社をコンプリート。

家でも作って食べよう。そう云うハマり方をした。とにかく富士宮やきそばの麺に惚れた。

スキスキスー。好きなんだよ。

自作の富士宮やきそばも大変ウマく出来た。すっかり富士宮やきそばファンになってしまったワタシ。また機会を作って富士宮に伺う所存だ。富士山を挟んで反対側に山梨県富士吉田市があって、そこの「吉田のうどん」が大好物だ。そして富士宮やきそばも大好物になった。富士山の周りにはきっとウマイモノがまだまだいっぱいあるはずだ。焼きそばもきっとあるだろう。いつかたっぷりと捜索したい。焼きそばの果てしなき旅はまだまだ続きます。

美味しかったです！　御馳走様でした！

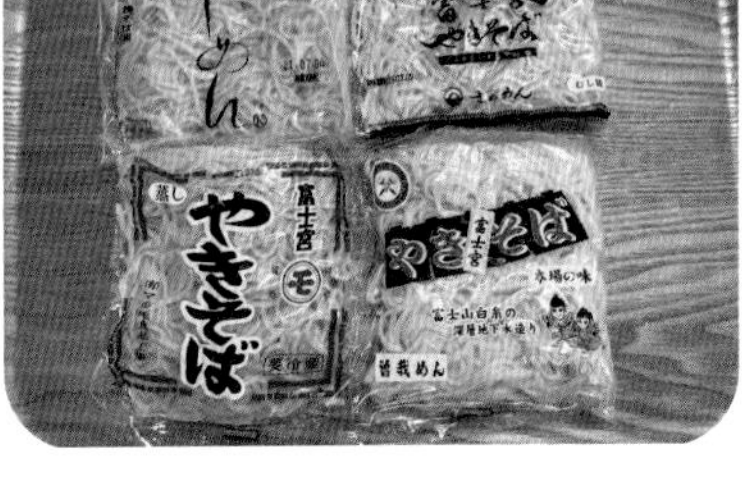

宮城県登米市『マルニ食品』の宮城伊達焼そば

自宅に居ながらにしてお取り寄せ出来る日本全国焼きそばの旅。僕の焼きそば記事の中でも随分と色々とご紹介した。

それでもまだ後から後から日本各地の焼きそばを知ることとなる。全国ご当地焼きそばコンプリートは可能なのか。いつその日を迎えることになるのか。いや、ゴールなど考えずに進むしかない。それが男の生きる道。なんちゃってー。

宮城県登米《とめ》市の『マルニ食品』が発売している宮城伊達焼そば。こちらではラーメンやうどん、宮城の郷土食「はっと」（すいとんのような印象）などがラインナップにある。何となくネーミングに釣られて取り寄せた焼きそばなのだけれど、僕的には大ヒットとなった。ウマかったのだ。

麺と液体ソース。ラード入りソース。ちょっとくどそうだなと最初は思った。最大の特徴はネギを用意しろと云う指示。白髪ネギまたはネギ千切り推奨。麺をほぐしながら炒めた後で、ソースとネギを投入。ネギのシャキシャキ感も

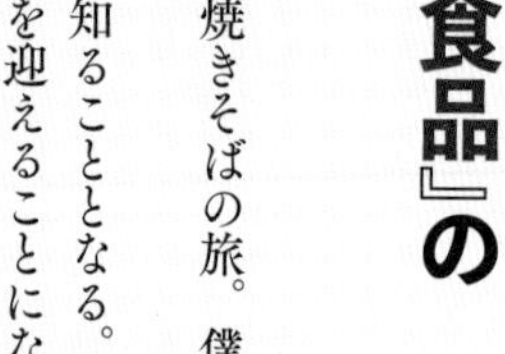

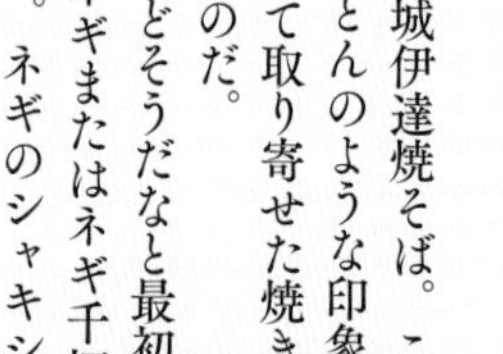

残しつつ戴くと云うもの。その通りにやってみました。出来上がり。ラード入りソースのせいか、麺がてらてらと黒光りするような仕上がりとなった。

推奨するだけのことはあって、ソースとネギの相性がバッグン。濃いめで甘めで、ソースと云うよりもすき焼きを想起させるようなブリリアントでグラマラスな味わい。**ウマウマウー**。これはいいぞ。次はキャベツを入れてみよう。

キャベツ入り伊達焼そば。ネギはモチロン入れている。

おうおう。キャベツを入れてもサイコーじゃないか。**ウマウマウー**。

こうなるとやはり肉も入れてみたい。それも牛肉だ。レッツゴービーフ。

牛肉・キャベツ・長ネギ入り伊達焼そば。さあどうだ。

牛肉は近所のミニスーパー「まいばすけっと」で買った輸入の安いヤツ。それでもビーフはビーフ。さあさあどうだどうだ。

ウマーイ。とてもウマーイ。ラード入りソースと牛肉と長ネギだ。素晴らしいマッチング。**ウマウマウー**。これはもう僕好みドンズバなのである。

東京に比べて格段に甘い味付けの横浜で育ったせいで（家庭それぞれの嗜好も事情も時代的なものもありますが）、この甘めの味わいは無条件に心にグッと来るのだ。変化球だけれど150キロ越えのフォークとかスライダーとか、そう云う圧倒的な変化。お見事。伊達焼そばブラボー。

あとがき

焼きそばの果てしなき旅、お楽しみ戴けましたでしょうか。


お腹いっぱいの気分になられた方もいらっしゃるかと思います。

食欲が出た方も、食欲がなくなった方もいらっしゃるかも知れません。

美味しいと感じることはとても個人的なことでありまして。

特に自分で自分のために焼きそばを作ってそれを自分でウマイと思うことには一切の損得勘定も忖度も絡みません。

お店で食べる焼きそばでも食べてみてどう感じたかまでは同じ。

これが文章になったり人に伝えたりと云う段になると色々と面倒な側面も出て参ります。

他との比較やら優劣やらタイミングやら政治やら経済やら何やらかにやら。

要するに自分が気に入ったか、スキなのかどうかだけなんですが。

自分の想いを率直に文章で伝えるのはなかなか難しい。

こうして自分の文章を本としてまとめて読むとそれを痛感します。

一つ一つの記事はその時その時の記録なので、頻出する「先日」がいつのことなのか判らないと思いますが、いちいち全部説明するとややこしくなるのでそのままにしてあります。

そう云えば写真もデジカメかiPhoneかを使って全部自分で撮りました。写真を撮るのもヒジョーに難しい。写真整理も大変。

何故にそこまでしてやっているのか。

自己顕示欲って云っちゃうと身も蓋もないのですが。


ちなみにワタシの本業はギタリストです。

クレイジーケンバンドでリードギターを担当しております。

自分のバンド「小野瀬雅生ショウ」では曲を作って歌も歌っております。

ギターを弾き始めたのが中学1年のクリスマス、1975年、当時13歳。

それ以来ずっと弾き続けて四十数年。

あと何年かすると50年弾いている勘定になります。

それに伴って歌も歌い続けてそんなになるのか、そうかそうだよね。

曲を作って、演奏して、レコーディングして、それがCDとかデータとかの形に残って。

ライブ演奏はその場限りのものですが、音声や映像として残るものもあって。

その上にこうして本も出せて、自分のやったことの何かがこれからも残る。

演奏なり歌なり文章なりが残り続ける。

自分がいなくなってもまだ誰かに何かを伝え続けられる。

もしかしたらそれをまた楽しんでもらえる。

そう考えると自己顕示欲なりサービス精神なりの意欲があれもこれもと怪獣総進撃や怪人妖怪大集合的にわさわさと溢れ出るのであります。

もしそんなにポジティブな気持ちでなくとも、「帰ってきたウルトラマン」でMATの加藤隊長が勝てるかどうかも判らない相手に対して「出撃！」と隊員に命令をする時のあの悲壮感を以てすれば大抵の出撃はたやすいことのように思えます。

そんな中でも、そして世の中が完璧に前の状況に戻らなくても、ある程度自由にあちこちに行ける日が来るのを希望として、何としてでも切り抜けようと考えています。

やったるで。


また日本全国あちこちで演奏したい。

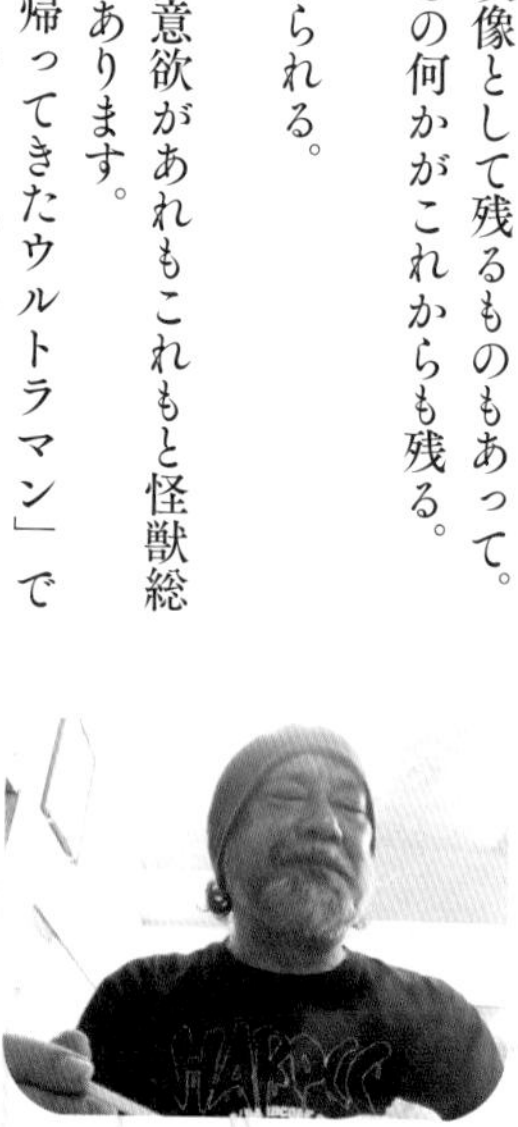

精一杯演奏して汗だくになって充足感に浸りたい。

演奏を聴いてくださった皆さんの満面の笑みを見たい。

ウマイモノにたくさん出逢って自分も笑顔になりたい。


ワタシの中で欲望が渦巻いております。

強欲や欲張りや欲まみれなんて表現はよろしくありませんが、とにかくあれもやりたいこれもやりたいと欲ボケになって出撃待機しております。

焼きそば的には、まだあそこのお店も行っていない、あの焼きそばも食べていない、膨大な未訪店リスト(再訪店リストもある)と自作焼きそばのアイディア(行き当たりばったりの思い付きが殆どですが)と共に、これからが勝負だと意欲に満ち溢れております。

これからもワタシの焼きそばの果てしなき旅にお付き合いくださいどうぞヨロシクお願い致します。


この本に載っている飲食店の皆様全てに御礼申し上げます。

今度伺ったらまた美味しい焼きそばを食べさせてくださいね。

そして製麺会社などの皆様にも御礼申し上げます。

また自宅でのんびりと作ります。

ナイスサポート（勝手に使っただけですが）の岩下の新生姜に感謝。

色々な焼きそばを送ったり提供してくださったりした皆様にも感謝感謝。

こんなワタシをいつも支えてくれる家族、友人知人、バンドメンバー、スタッフ、全員に大感謝。

そしてこの本を読んでくださった全ての皆様に感謝感激雨霰《あられ》。

最後になりますが、こんなご時世のこんな状況の中「焼きそばの本を出しませんか？」と声をかけてくださったワニ・プラス編集部の宮崎洋一さんに心からの感謝を申し上げます。

色々ギリギリになってしまってすみませんでした。

ありがとうございました。

続編も出したいです。

焼きそばの果てしなき旅はまだまだ続きます。

2021年8月　小野瀬雅生

小野瀬雅生（おのせ・まさお）

1962年神奈川県生まれ。「クレイジーケンバンド(CKB)」のリードギタリスト、バンド「小野瀬雅生ショウ」のリーダー、歌も担当。通称は”のっさん”。緩急自在なギタープレイは“ハマのギター大魔神”の異名をとる。アコースティックユニット「小野瀬雅生と須藤祐」やソロ名義でもライヴ活動を行うほか、数多くのアーティストと共演、楽曲提供をしている。横浜DeNAベイスターズの熱烈ファンであり、高級・B級問わぬ食べ歩き家としても知られる。ブログやnote、YouTubeなどでさまざまな分野の文章や動画を配信しており、横浜市商店街総連合会の食イベント『ガチ！シリーズ』に例年参加など多岐にわたる活動を精力的に行っている。

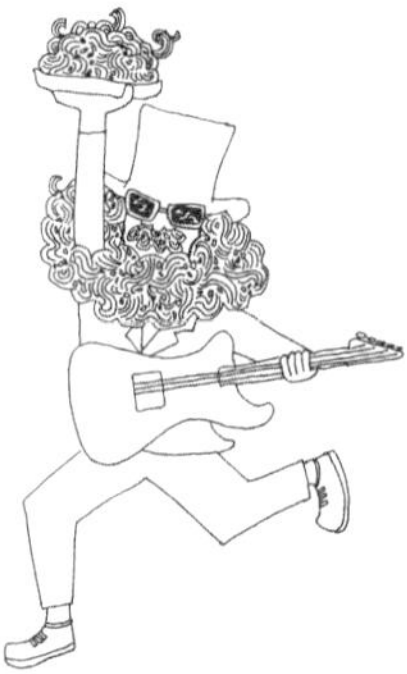

焼きそばの果てしなき旅

2021年10月10日　初版発行

著　者　小野瀬雅生

発行者　佐藤俊彦
発行所　株式会社ワニ・プラス
〒150-8482
東京都渋谷区恵比寿4-4-9　えびす大黒ビル7F
電話　03-5449-2171（編集）
発売元　株式会社ワニブックス
〒150-8482
東京都渋谷区恵比寿4-4-9　えびす大黒ビル
電話　03-5449-2711（代表）

ブックデザイン　堀 競（堀図案室）
編集協力　鍵山 稔（INDIE BOOKS）
イラストレーション　山口あかね

印刷・製本所　シナノ書籍印刷株式会社

ISBN 978-4-8470-7102-7
ワニブックスHP　https://www.wani.co.jp